I0137452

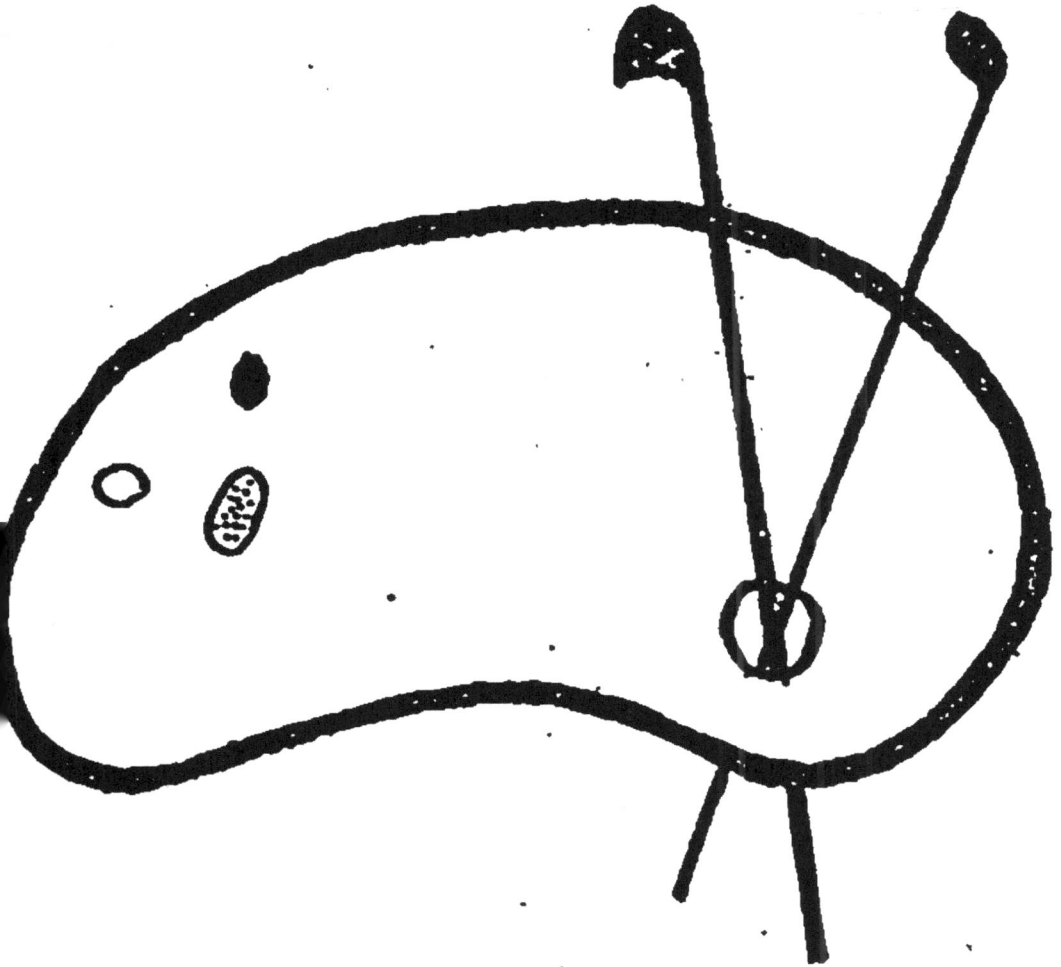

COUVERTURE SUPERIEURE ET INFERIEURE
EN COULEUR

LES

PROVERBES

HISTOIRE ANECDOTIQUE ET MORALE

DES PROVERBES

ET DICTONS FRANÇAIS

PAR Mlle J. AMORY DE LANGERACK

LIBRAIRIE DE J. LEFORT

IMPRIMEUR ÉDITEUR

LILLE | PARIS
rue Charles de Muyssart, 24 | rue des Saints-Pères, 30

Aide-toi, le Ciel t'aidera.

LES

PROVERBES

HISTOIRE ANECDOTIQUE ET MORALE

DES PROVERBES

ET DICTONS FRANÇAIS

PAR Mlle J. AMORY DE LANGERACK

QUATRIÈME ÉDITION

LIBRAIRIE DE J. LEFORT

IMPRIMEUR ÉDITEUR

LILLE | PARIS

rue Charles de Muyssart, 24 | rue des Saints - Pères, 30

Propriété et droit de traduction réservés.

LES

PROVERBES

~~~

I

PHYSIOLOGIE DU PROVERBE

C'est une étude vraiment très curieuse et très attachante que celle des proverbes et locutions populaires. Elle offre tout l'attrait d'une étude historique, en ce que l'origine d'un grand nombre de nos locutions françaises se rattache à quelque page connue ou oubliée de l'histoire, et tout l'intérêt littéraire de la linguistique, en ce qu'elle suit de loin l'étude de notre langue, dont nos proverbes reflètent en quelque sorte l'esprit et les progrès. Enfin, il y a mieux que cela dans cette langue des proverbes, pour des yeux habitués à chercher la pensée au fond de tout. C'est la grande voix de l'humanité qui s'élève permanente au-dessus des ruines des siècles éteints; c'est le cri de la conscience des peuples, le fruit de l'expérience des générations : c'est tout un code de philosophie ; et non de cette philosophie fausse, née des rêveries de l'orgueil, mais de cette philosophie pratique, consacrée par le sens commun, qui est la sagesse pour tout le monde, qui est la vérité dans toutes les langues de la terre.

Et cela est si vrai, qu'on pourrait presque faire une éducation seulement avec le recueil des proverbes. Toutefois, ce ne serait qu'en y comprenant tout d'abord les principaux proverbes qui nous viennent des Ecritures. Ce sont ces proverbes-là qui ont fait les saints.

Je ne dis pas que tous les proverbes soient également bons, et qu'il ne faille auparavant en faire un choix convenable. Il en est bien qui n'ont aucune vertu, et d'autres même qui semblent contredire les honnêtes et équitables proverbes que nous citons tous les jours et que nous appliquons sans cesse aux circonstances de la vie. Mais il en est si peu ! et puis, on croirait aisément qu'ils ne figurent là que comme par ironie et à la seule fin de nous faire sourire.

Et maintenant, d'où nous sont venus les proverbes?

On a défini fort raisonnablement les proverbes,

la sagesse des nations. Un savant auteur du dernier siècle dit que *les proverbes sont le fruit de l'expérience des peuples et comme le bon sens de tous les peuples réuni en formule*. Les proverbes ont donc dû exister tout aussitôt que s'est formée la langue primitive. Il y a trois mille ans que l'Ecclésiaste disait : « Le sage tâchera de pénétrer le secret des proverbes, et se nourrira de ce qu'il y a de plus caché dans les paraboles. » Les sept sages de la Grèce et Pythagore tenaient en grande estime les proverbes. Socrate, Platon en firent des recueils pour leur usage. Aristote et ses disciples suivirent leur exemple. Caton l'Ancien aimait et recherchait les proverbes, et les citait souvent. Le livre admirable des *Proverbes de Job*, et surtout ceux de Salomon, sont les fleurs poétiques de l'Orient. Ces impérissables modèles ont fourni à nos pères un très grand nombre de nos anciens proverbes français. Enfin, ceux qui seraient disposés à prendre à la lettre les ridicules prétentions du peuple chinois, qui veut absolument être plus ancien que la terre, seraient très convaincus de l'antiquité des proverbes. — Ils en ont — et de très remarquables à la vérité — qui sont vieux comme le monde ; car ce peuple pédant et raisonneur n'a jamais dû parler que par sentences, même dès son berceau.

Avant d'aller plus loin, je ne voudrais pas omettre, à propos de Salomon, qui mérite une bien autre attention que Confucius, une petite citation qui prouvera combien ces proverbes bibliques ont servi aux adages et même à la littérature de notre moyen âge; c'est un dialogue versifié du xIIe siècle dont nous ne pouvons malheureusement donner que ce fragment, parce que le reste ne serait pas à la portée de tous nos lecteurs, et que, d'ailleurs, ce dialogue en couplets est fort long. Il forme un poème de soixante strophes, et il est attribué au comte de Bretaigne. Salomon et un certain Marcoul, son interprète, disent chacun un proverbe : celui du roi d'Israël est toujours, suivant son caractère, une sentence de la plus sévère morale, et la réponse de son interlocuteur, quoique faite dans le même sens, est un proverbe naïf et plein de bonhomie. C'est cette sagesse banale qui appartient à la multitude, et qui, en se riant, se fait l'écho naïf de la plus haute sagesse. C'est une de ces bêtises pleines de sens qui tombent lourdement sur vos oreilles sans les blesser; et on voit bien que la nation qui a fait cela, est la même qui a créé *Monsieur de la Palisse* et *Marleboroug s'en va-t-en guerre.*

> Qui sage hom sera
> Ja trop ne parlera,
> Ce dict Salomon.
> Qui ja mot ne dira
> Grant noise ne fera,
> Marcol li respond.

L'auteur du *Gargantua*, qui se connaissait en

esprit, faisait allusion à ces dicts de Marcoul et de Salomon dans le quatrain suivant :

Qui ne s'adventure n'a cheval ni mule,
Ce dict Salomon.
Qui trop s'adventure perd cheval et mule,
Respondit Marcon.

Il est certain que la Bible a souvent inspiré la langue proverbiale de notre moyen âge ; mais parmi les livres saints, c'est surtout l'Evangile qui a donné à l'univers les proverbes les plus vénérés. Combien de ses préceptes adorables qui sont passés dans la langue proverbiale !

Après cette autorité sacrée, on peut citer aussi celle des Pères de l'Eglise latine et grecque. Un savant du moyen âge se chargea de les étudier et de les réunir ; ce fut Novarinus. Entre tous les érudits qui s'occupèrent de collectionner les proverbes grecs, latins, hébraïques, indous, celui-ci eut assurément la plus belle part. Que de proverbes admirables dans saint Augustin et saint Chrysostôme ! Quelle poésie dans saint Jérôme, cet illustre Père du désert ! Génie véhément et sublime, il ne lui faut que trois mots pour contenir trois des sentences débitées par les philosophes. Ce grand saint dit quelque part dans ses lettres :

Un flatteur est un agréable ennemi.

Avant lui, cette sentence avait été exprimée, il

est vrai, mais toujours d'une manière moins
concise et moins complète ; de telle sorte qu'il en
faut réunir plusieurs pour retrouver l'idée tout
entière de saint Jérôme ; et ceci n'est qu'un
exemple entre mille dans les œuvres de ce sublime
génie. Ses écrits fourmillent de conclusions mo-
rales renfermées dans ces figures comparatives,
brèves, spirituelles, frappantes qui constituent la
forme essentielle du proverbe.

On croit et on a écrit que nos proverbes
doivent beaucoup à la tradition, et que les Indous,
les Latins et les Grecs y ont plus travaillé que
nous. Comme la vérité est une, et que le cœur
humain s'est toujours reproduit sous les mêmes
aspects, il n'est rien d'étonnant à ce qu'un vieux
dicton normand, par exemple, ressemble au fond
à une sentence de Confucius, et ceci d'autant mieux
que la prudence rusée du caractère normand ne
laisse pas de rappeler un peu la sagesse compassée
et prévoyante des Chinois. Mais outre que le proverbe français a sa couleur locale, ainsi que les
proverbes de tous les peuples, il a aussi son caractère tout particulier : il n'embrasse pas, comme
les sentences des anciens et la philosophie pédago-
gique de la Chine, de vastes vérités et les généra-
lités les plus hautes. Ce sont toujours bien, si vous
voulez, ces mêmes vérités, sous leur forme la plus
divisée, la plus sensible, la plus familièrement
enjouée. En un mot, c'est le trésor de notre sagesse
populaire frappée en menue monnaie.

Et quelle charmante diversité de physionomie
dans tous ces dictons recueillis par la tradition
sur les traces du temps. Les uns pleurent, les autres
rient : ceux-ci raillent, ceux-là louent. Mais tous
cachent, sous leur forme figurée, une leçon de sagesse, un charitable avertissement ; tous guident
et éclairent. On dirait d'officieuses sentinelles
échelonnées sur notre chemin, et qui crient *gare !*
à chaque faux pas que fait l'homme. Il n'en est pas
un, même des plus burlesques, qui ne contienne
une leçon sérieuse ; pas un qui ne nous apprenne
quelque chose de la vie, ce grand mystère qui ne
nous donne son dernier mot qu'en nous échappant
au bord de la tombe. Mais le fond de tout cela,
la note dominante de cette longue gamme philosophique qui diffère de ton suivant les climats,
partout, de l'Inde aux confins de l'Europe, c'est la
mélancolie, c'est le triste écho des misères humaines, la confidence de nation à nation des
douleurs de la terre, de cet impôt héréditaire dont
l'opulence elle-même ne peut se racheter. O joug
originel, vrai niveau égalitaire ! comme la pauvre
humanité vous confesse, rien que dans cette simple
sentence :

On a souvent besoin d'un plus petit que soi.

Si l'on avait le courage de faire la somme des
proverbes en circulation chez les diverses nations,
et que l'on voulût en établir sérieusement la com-

paraison, je n'oserais pas affirmer que le côté
plaisant y prévalût, et que les gais propos, les sentences facétieuses y fussent en majorité.

Il y a chez les Espagnols un mot bien vieux, et
que ce mot-là résume de proverbes !

Dès que je naquis, je pleurai ; et chaque jour me dit pourquoi.

Où est-il, en effet, l'homme heureux, l'être
favorisé qui ne sait rien de l'amertume des larmes ?
S'il en est un au monde, qu'il vienne, et qu'il dé-
mente ce vieil adage d'un peuple grave et croyant.

Et combien de proverbes du même genre chez
les Indiens, chez les Chinois, et même dans tous
les coins de l'Europe.

Disons quelque chose, maintenant, du style et
du caractère des proverbes ; car c'est assurément,
sous ce rapport, la langue la plus variée qui soit
au monde.

Si Buffon a dit, « Le style c'est l'homme, » on
pourrait dire en l'imitant : Le proverbe c'est le
peuple. Certes, si une nation se peint fidèlement
quelque part, c'est assurément dans ses proverbes.
Si l'on nous accorde que les masses se person-
nifient dans un ou quelques individus et qu'un livre
résume toute l'époque qui l'a produit, combien, à
plus forte raison, les proverbes, ce vote moral
universel, méritent-ils d'autorité, et doivent-ils
retracer au naturel le caractère de la nation qui
les a formulés à sa manière ! Car, remarquez-le

bien, chez nos peuples modernes, ce ne sont pas les gens lettrés qui font les proverbes; c'est là le privilège populaire par excellence. Et le peuple a raison; les poètes et les savants n'y entendraient rien du tout. Ennemis nés de la réalité, ils la sacrifieraient trop souvent à leurs sublimes chimères. Leurs proverbes ne manqueraient jamais de parfum, mais ils pourraient bien manquer de sel.

Or savez-vous pourquoi la langue proverbiale est si vivante et si universelle? C'est que chacun y a mis son mot. Agriculteurs, manufacturiers, commerçants, ouvriers de toute sorte, c'est-à-dire tout ce qui voit de près les réalités de la vie, tout cela y a fourni son contingent; on dirait comme une ruche où chacun a apporté son rayon. C'est le suc de toute chose, élaboré en commun et condensé par le travail des temps.

Il est bien entendu que nous ne comprenons pas ici les proverbes orientaux, ces fleurs de poésie, dont Salomon a donné le modèle; non plus que quelques proverbes indiens et helléniques qui tiennent à l'essence primitive de la philosophie et de la poésie. Les proverbes chinois n'ont plus tout à fait le même caractère. Si Lao-Tseu, Meng-Tseu et le sage Hong-Tseu (Confucius) sont les auteurs de leurs principaux proverbes, du moins le peuple chinois tout entier les a-t-il consacrés par un usage unanime, et peut-être par des formules familières tout à lui. On dira tout ce que l'on voudra, ce ne sont pas leurs philosophes qui leur ont donné cette sentence-ci :

En limant, on fait d'une poutre une aiguille.

Que l'idée soit d'un savant ou d'un sage, il se peut ; mais bien certainement la formule n'est pas de lui. Comme dit très bien un auteur, on retrouve là toute la patience stoïque d'un rusé marchand de Canton.

Les proverbes européens ont, quant à eux tous, leur caractère propre, toujours calqué sur la nation à laquelle ils appartiennent.

Le proverbe français est né malin et spirituel, ce qui ne signifie pas qu'on rie toujours. La vérité n'y est jamais crûment dite : elle est toujours assaisonnée de grâce et de charme, et encadrée dans ce tour subtil qui nous est propre, et qui fait toujours passer la leçon, quelque dure qu'elle soit.

La nation italienne se montre enjouée et rusée plutôt que fine dans ses proverbes, contrairement à l'esprit français, dont la subtilité ne doit rien à la spéculation. Les Anglais sont graves et de belle humeur, suivant le moment ou la boutade. Le Flamand, cet ami du bien-être et du foyer, s'y montre national, mais matérialiste avant tout. L'Allemand y est lourd et réfléchi, maussade assez volontiers. Le proverbe russe est très brillant et très riche d'expression. La Suède a des proverbes d'une douceur infinie et d'une exquise délicatesse ; on y reconnaît un peuple pur, sérieux et honnête, qui a eu l'esprit de ne prendre à la civilisation que ce qu'elle a de bon. Enfin le proverbe atteint sa perfection en Espagne : le tour y est plus original et plus brillant, et le sens plus véhément que nulle part ailleurs en Europe.

Nous avons dit qu'un grand nombre de maximes tirées de l'Evangile sont devenues proverbes. Nous n'en ferons pas un chapitre spécial ; car tout ce qui vient de ce livre divin a de trop grandes proportions pour convenir aux cadres mesquins des œuvres humaines.

Plusieurs proverbes évangéliques nous viennent du *Sermon sur la montagne*, où le Seigneur a résumé toutes les lois de sa morale.

Bienheureux les pauvres d'esprit, parce que le royaume des cieux est à eux.

Nul ne peut servir deux maîtres à la fois.

Là où est votre trésor, là aussi est votre cœur.

Ne jetez pas les perles devant les pourceaux.

Tout arbre qui est bon produit de bons fruits, et tout arbre qui est mauvais porte de mauvais fruits.

A chaque jour suffit son mal.

C'est aux pauvres, aux affligés, aux opprimés, à tous ceux qui sont chargés de travail et d'an-

goisse, que le Sauveur semble surtout s'y adresser.
Aussi, comme les classes laborieuses et souffrantes
se sont emparées de ces promesses divines pour les
faire passer dans la langue populaire! Il semble
qu'en les répétant chaque jour elles allégent leur
fardeau par l'espérance et la foi, et qu'elles rap-
pellent au Seigneur sa parole immuable.

Et ailleurs, le Sauveur n'a-t-il pas dit :

La bouche parle de l'abondance du cœur.

**Les premiers seront les derniers, et les derniers seront
les premiers.**

Rendez à César ce qui est à César, et à Dieu ce qui est à Dieu.

Et enfin cette vérité proverbiale si familière à
tous les peuples :

Nul n'est prophète en son pays.

Du reste, dans tous les recueils de proverbes, et
du XIIe siècle jusqu'à notre époque, partout on remarque un sentiment religieux bien soutenu, et
le respect le plus unanime pour le nom et le souvenir de Dieu et du Sauveur Jésus. Le nom de la
Vierge Marie aussi, cette douce médiation, y est
toujours entouré comme d'une auréole de respect
et d'amour.

Enfin, le souvenir des figures évangéliques se

retrouve presque dans cet adage national, emprunté aussi à l'Evangile :

Les lis ne filent point.

Et il semble que nos constitutions monarchiques se soient appuyées de son autorité pour ne pas laisser tomber en quenouille le beau sceptre de France.

II

PROVERBES RELATIFS A DIEU

C'est une chose frappante, dans l'analyse de tous nos anciens proverbes, que de voir le caractère particulier de tous ceux qui traitent de Dieu ou de ses attributs.

En toute autre matière, le Français, railleur de sa nature, ne ménage à qui que ce soit la plaisanterie, l'ironie acerbe ni l'esprit caustique dont il épice tout, même ses œuvres de génie. Mais ici, trêve de malices, c'est de Dieu qu'il s'agit! Et si vous voyiez soudain quelle allure sérieuse et digne, quelle douceur, quelle sagesse, quelle décence, quelle sublime bonhomie! C'est vraiment à en être ému et ravi.

Ecoutez la voix unanime de ce peuple qui a fait justice de tout ce monde, que n'a point trompé le côté faible de toute perfection humaine et de toute grandeur terrestre, et qui, comme un en-

fant terrible, avait surpris et divulgué les défauts
secrets de ses maîtres longtemps avant la révolution qui se vante de lui avoir tout appris.
Écoutez cette voix saluer ce Dieu auteur de tout
bien, où l'œil ne découvre rien d'imparfait.

Un livre de proverbes gaulois du xv° siècle
dit :

Dieu est fontaine de tout bien.

Et ailleurs :

Dieu est puissant de bien nous faire.

Le livre des *Adages français au* xvi° *siècle*
dit :

Dieu n'a point de maître.

Et l'auteur ajoute comme un naïf hommage de
dépendance,

Et j'en ay un.

Il dit encore :

Dieu peut tout.

Dieu punit quand il lui plaît.

A qui Dieu aide, nul ne peut nuire.

Dieu voit tout.

Contre Dieu, nul ne peut.

En peu d'heures,

Dieu laboure.

Dans le recueil de Gruther on lit :

Il ne perd rien qui ne perd Dieu.

Nul seigneur sur Dieu.

D'anciens proverbes du xiiie siècle avaient déjà dit :

Bien est gardé, cui Dex (Dieu) velt garder.
Bien est aïdié, cui Dex velt aidier.

Henri Estienne, qui vivait du temps d'Henri III, et qui avait, comme il dit, *épigrammatisé* les proverbes, a recueilli tous les dictons et proverbes relatifs à Dieu. C'est de lui qu'on en tient la plupart. Il a dit aussi :

De Dieu tout bien vient.

Les proverbes du xiiie siècle disent encore :

Il n'est rien qui vaille mieux que Dieu.

Au xve siècle on disait :

Qui sert Dieu, il a bon maistre.

Qui sert Dieu, il est roy.

C'est ainsi que le proverbe rend un témoignage constant à la souveraineté universelle et infaillible de Dieu. Voyons maintenant ce qu'il dit de sa bonté.

Ici on croit entendre la nature entière attester la divine intervention de la Providence. L'homme

ne parle plus seulement en son nom, mais au
nom de tout ce qui est créé, et il cherche autour
de lui des images qui symbolisent l'action de
l'économie providentielle sur toute sa vie.

Comme il est aimable et touchant ce proverbe !

A brebis tondue, Dieu mesure le vent,

qu'Estienne Pasquier a traduit ainsi dans ses
Prémices :

Dieu donne le froid selon la robe.

Le *Trésor des sentences* dit dans le même sens :

Dieu ayde les mal vestus.

Henri Estienne :

Dieu donne fil de toile ourdie;

Les proverbes du xvᵉ siècle ajoutent :

Dieu ne saurait faire une montagne sans vallée.

Et pour nous faire entendre que tout ce qui
nous a été donné est bon de sa nature, que tout
vient de Dieu, excepté le mal, et que c'est la mali-
gnité de l'homme qui change en quelque chose de
mauvais ce qui lui avait été donné bon, le *Trésor
des sentences* dit :

Dieu donne le bœuf et non les cornes.

Enfin, il y a un excellent proverbe moral généralement en vigueur parmi les gouvernants et les

mères de famille, et peu goûté, il est vrai, des
gouvernés, des enfants et des domestiques :

Qui aime bien châtie bien,

qui trouve aussi sa version parmi les proverbes
relatifs à Dieu. C'est la justification des voies
secrètes et pleines de sagesse de ce Dieu qui punit
et qui pardonne, qui console après les larmes, qui
ne veut point la mort du pécheur, mais qu'il se
convertisse et qu'il vive.

Un ancien proverbe gaulois dit :

**Dieu ayme la créature à qui il envoye du mal pour luy
souvenir de luy.**

Un fabliau du XIII⁰ siècle dit en vieux langage
cette charmante sentence :

**Dieu, qui m'envoye du mal que je dois supporter, dit
que ce mal sentira bon devant lui.**

Nos vieux adages français disent :

Dieu sait bien ce qu'il nous faut.

Un proverbe du XIII⁰ siècle dit la même chose
en ces termes :

Cuy Dex ayme, il lé tempeste et donne à souffrir.

Mais une autre version beaucoup plus jolie est
celle-ci, du *Trésor des sentences :*

**D'un costé Diex poingt,
Et de l'autre il·oingt.**

Dieu frappe d'une main, mais il bénit de l'autre.
Le proverbe qui dit :

Il vaut mieux s'adresser à Dieu qu'à ses saints,

en vieux style :

Il vault mieux Dex prier que ses saincts,

est très ancien chez nous, et bien antérieur au
xvᵉ siècle, qui l'a mis au nombre des proverbes
gaulois.

Ayde-toi, le Ciel t'aidera,

que nous répétons tous les jours sur la foi du bon
Lafontaine, fait partie des proverbes communs du
xvᵉ siècle.

On retrouve le consolant esprit de ce proverbe
dans une sentence grecque. Les Athéniens disaient :

Dieu aime à seconder celui qui travaille.

Les Basques disent la même chose dans la formule que voici :

Quoique Dieu soit bon ouvrier, il veut qu'on l'aide.

Les Espagnols y mettent plus d'élégance. Ils
disent :

Pour l'eau du ciel n'abandonne pas l'arrosoir.

Il est à remarquer que la version espagnole est
toujours plus fleurie et plus élégante que les autres.

Il faut observer maintenant qu'entre tous les proverbes et dictons, on en trouve un assez grand nombre qui sont la traduction ou l'imitation de quelque sentence sacrée.

Tels sont ceux-ci :

Dieu ne veut pas plus qu'on ne peut.

Dieu souffrit moult. — Dieu pardonna sa mort.

Dieu paiera tout.

Dieu qui est juste paiera
Selon ce que chacun fera.

A qui Dieu plus a donné,
Plus est à luy obligé.

Celuy est bien pòvre que Dieu hait.

Celuy est bien riche que Dieu ayme.

Donner à Dieu n'apòvrist homme.

Faites largesse, et Dieu vous la fera.

Pour Dieu ou pour l'argent.

Tout se passe, fors aimer Dieu.

Cette série serait trop longue s'il fallait la donner complète. Les proverbes relatifs à Dieu sont en très grand nombre ; mais tous sont dans le même esprit. Au milieu de cela nous n'en voyons qu'un où se trahisse quelque peu la causticité nationale, encore s'adresse-t-il aux femmes qui ont le droit

de ne pas le trouver du tout galant ; et le nom de
Dieu n'y figure que comme complément de la
pensée :

A qui Dieu veult aider, sa femme meurt.

Le vieux dicton qui suit rappelle une des plus
populaires et des plus anciennes coutumes catho-
liques, bien simple et bien touchante, quoique nos
esprits forts la traitent en souriant de superstition :

Devoir à Dieu une belle chandelle.

Cette locution a trait à la pieuse coutume qu'a-
vaient nos aïeux, après quelque événement heureux, de faire hommage à Dieu d'un cierge de
cire proportionné à l'importance du bienfait reçu.
Les plus riches et les plus nobles le donnaient du
poids de leur personne et de la longueur de leur
taille. Cela s'appelait donner son pesant de cire.

Après la bataille de Poitiers, où le roi Jean fut
fait prisonnier, les habitants de Paris eurent une
telle frayeur des gens de guerre qui désolaient les
environs, que pour obtenir d'en être délivrés, ils
offrirent à Notre-Dame une bougie roulée comme
une corde, et assez longue, est-il dit, pour faire
le tour de la ville.

En dernier lieu, il y a des dictons proverbiaux
qui expriment un souhait ou une prière, et qui
étaient fort en usage aux xiii°, xiv° et xv° siècles.

Il est facile d'y reconnaître combien étaient purs
la foi et les désirs de braves gens de ce temps-là,
dont quelques historiens modernes ont tant médit.

**Dieu me garde de quatre maisons : de la taverne, du lom-
bard (l'usurier), de l'hospital et de là prison.**

Dieu nous gart de mauvaise temptation.

C'était là toute la crainte de nos bons et naïfs
aïeux : notre époque trouvera qu'ils étaient bien
pauvres d'esprit. Si l'on daignait aujourd'hui
invoquer Dieu sous la forme du proverbe, ce ne
serait plus pour si peu. Il y a tant de fléaux nou-
veaux ! Et la baisse, donc? et les maladies de la
vigne? et les faillites? et les inondations? et la
vapeur ?

III

PROVERBES GÉNÉRAUX

LES ABSENTS ONT TORT.

C'est là une vérité philosophique un peu dure, et dont on ne peut expliquer l'étymologie; car elle est toute dans l'égoïsme humain, dans cette souveraineté du *moi*, qui règne le plus souvent sur notre cœur à la place de la douce charité. De tout temps, il a fallu défendre la place que l'on occupe au soleil contre les prétentions et l'ambition du voisin. Celui qui s'absente perd toujours un pied de son terrain pour le moins. L'indifférence, puis l'oubli, s'attachent au nom de l'absent : il a tort, cela est évident. Il est nécessaire à l'homme d'avoir constamment sous les yeux ceux mêmes à qui son cœur est le plus attaché et par les liens les plus

forts et les plus tendres ; tant cette mémoire du
cœur est fragile, et tout autant que la mémoire
intellectuelle. C'est une des misères de notre nature
et des tristes suites de l'instabilité de toute chose
ici-bas. Saint-Jean, l'apôtre de la charité, l'avait
bien compris, lui qui dit quelque part : « Comment
pourra-t-il aimer Dieu qu'il ne voit pas, celui qui
n'aime pas son frère qu'il voit ?

AIDE-TOI, LE CIEL T'AIDERA.

Bien des gens dans le monde ressemblent à cet
imprudent charretier de la fable, qui, voyant son
chariot embourbé et ses bœufs hors d'haleine, se
jetait par terre « en se désespérant et criant à
l'aide et miséricorde. » Mais au fort de ses cris et
de son désespoir, une voix du ciel retentit à ses
oreilles, et les dieux qu'il invoquait lui dirent :
« Lève-toi, fainéant ; pique tes bœufs, pousse la
roue : aide-toi, le Ciel t'aidera. » Dans les nécessités et les calamités de la vie, on se laisse tomber,
on s'affaisse sous le fardeau, on appelle la Providence en se croisant les bras, et si elle ne vient
pas à notre heure, on blasphème et on murmure.
Rendons-nous à l'expérience des vrais croyants,
des chrétiens fidèles et généreux, qui nous assurent
que jamais l'homme accablé sous le poids du travail
ou des douleurs n'a fait un effort pour se relever
sans qu'il ait senti aussitôt une impulsion mysté-

rieuse et toute céleste lui venir en aide. La Providence veut que nous participions à notre salut. Sans cette condition, où serait notre mérite?

QUI AIME BIEN CHATIE BIEN.

Ce proverbe avait servi à un stoïcien* célèbre pour l'éducation de ses enfants. On croit qu'il faisait partie de la doctrine de Socrate, et une scène du cinquième acte des *Nuées* d'Aristophane en témoigne du reste. Ce proverbe est juste et respectable, et la colère d'une mère qui châtie l'enfant coupable est une preuve de plus de la tendresse qu'elle lui porte. Elle ne regarde pas à affliger son cœur maternel des larmes que le châtiment coûte à son fils, pour lui faire acquérir une vertu, un talent, pour en faire un homme dans l'avenir. Plus elle le veut parfait, plus elle s'indigne de trouver en l'enfant qu'elle aime quelque chose à reprendre. Est-il rien de plus digne d'admiration que cette reine illustre qui eût préféré voir son fils mourir à ses pieds que se souiller d'un péché mortel?

FAIRE UNE QUERELLE D'ALLEMAND.

Les Allemands, que Ronsard qualifie ainsi, « la gent pronte au tabourin, » c'est-à-dire prompte à faire du bruit, avaient été longtemps d'incommodes et turbulents voisins pour notre patrie, tou-

jours prêts à saisir le prétexte de faire quelque
irruption sur notre territoire ; ce qui donna lieu à
ce dicton, peu civil du reste, et qu'il faudrait avoir
soin de ne jamais employer avant de s'être assuré
qu'il n'y a aucun Allemand dans la compagnie
où l'on se trouve. On pourrait croire aussi qu'il
vient de ce que les barons et seigneurs allemands,
souvent mêlés à la noblesse de France aux temps
féodaux, et notamment sous le règne de la race
de Charlemagne, avaient la réputation d'être fort
adonnés aux plaisirs de la table, et de plus celle
de se chercher querelle les uns aux autres à tout
propos, une fois qu'ils étaient échauffés par le vin.
On a dit longtemps en France :

Les plus ireux sont en Allemagne.

ATTENDRE LES ALOUETTES ROTIES.

Quelques auteurs croient que ce proverbe, employé ordinairement à l'égard des paresseux qui
attendent du seul hasard leur subsistance ou leur
fortune même, vient d'une allusion à la manne du
désert, qui pleuvait du ciel aux Israélites. Mais on
est plus fondé à penser qu'il vient d'une tradition
de l'âge d'or, qui se rapporte au fameux *pays de
cocagne*. Théléclide, auteur comique athénien,
décrivant les délices de l'âge d'or, dit que le vin
tombait du ciel comme une pluie d'ambroisie, et

que les *grives toutes rôties* tombaient dans les bouches que l'appétit faisait ouvrir.

AU BESOIN ON CONNAIT L'AMI.

Rien de plus commun que le nom,
Rien de plus rare que la chose.

L'Ecclésiaste, les Proverbes de Salomon, et tous les proverbes de l'Orient de ce genre, sont pleins de sentences et d'allusions à l'amitié fausse et vraie ; tous les vers qui ont célébré l'amitié ne valent peut-être pas les moindres de ces proverbes, qui sont ravissants de douceur, de grâce, d'élégance et de délicatesse. Ce sont eux, du reste, qui nous ont fourni presque tous nos proverbes sur les amis et l'amitié. L'Ecclésiaste dit :

Quand un homme est heureux, ses ennemis sont malheureux ; et quand il est malheureux, on connaît quel est son ami.

Plutarque a dit celui-ci :

La bonté du cheval se connait à la guerre, et la fidélité de l'ami dans la mauvaise fortune.

Ce proverbe ci :

Rien de plus commun que le nom d'ami, rien de plus rare que la chose,

est de Phèdre, qui a donné à La Fontaine ses fables les plus remarquables.

Un ami est, après l'amour de Dieu et le trésor des vertus, ce qu'il y a de plus précieux. Les anciens disaient :

Un ami sincère est un présent des dieux.

Aristote, dans un magnifique emportement, s'écriait : « O mes amis ! il n'y a plus d'amis !... » Caton prétendait qu'il fallait tant de choses pour faire un ami, que cette rencontre ne se trouvait pas en trois siècles.

Un écrivain moderne a laissé échapper cette spirituelle boutade :

« Dans le monde, vous avez trois sortes d'amis : vos amis qui vous aiment, vos amis qui ne se soucient pas de vous, et vos amis qui vous haïssent. »

POUR UN POINT, MARTIN PERDIT SON ANE.

Cardan rapporte qu'un certain abbé, nommé Martin, prieur de l'abbaye d'Azello, avait fait écrire en gros caractères sur son portail cette devise latine :

Porta patens esto. Nulli claudaris honesto.

L'ouvrier qui avait écrit ce vers, par mégarde ou par ignorance transposa le point. Au lieu de le mettre devant le mot *nulli*, il le mit après ; ce qui faisait ceci :

Porta patens esto nulli. Claudaris honesto.

Cette transposition de point changeait terriblement le sens de la devise, et le vénérable abbé était bien loin de cette intention. La traduction du vers comme il l'avait entendu était ceci : « Portail, sois ouvert à tous, et ne sois fermé à aucun honnête homme ; » tandis que ce point malencontreux lui faisait dire exactement le contraire. L'abbé ne s'en aperçut point ; mais le Pape, ou quelque cardinal (cela se passait apparemment dans les Etats romains), cheminant par là un jour, et lisant cette devise ainsi ponctuée, fit comparaître l'abbé devant les tribunaux ecclésiastiques, le blâma hautement, et le démit de son abbaye, qui fut transportée à un autre. Celui-ci, aussitôt qu'il fut installé, se hâta de remettre le point à sa place ; et on prétend que, depuis, un mauvais plaisant ajouta au-dessous de ce vers celui-ci :

Pro solo puncto , caruit Martinus Asello.

Ce qui signifie à la lettre :

Pour un point, Martin perdit son âne,

attendu que le mot italien *asello* veut dire *âne*.

On a approprié ensuite ce mot à toutes les circonstances où l'on perd, faute de peu, un bénéfice ou quelque intérêt assez considérable.

IL FAIT COMME L'ANGUILLE DE MELUN : IL CRIE AVANT QU'ON L'ÉCORCHE.

Il y avait dans la ville de Melun-sur-Seine un jeune homme nommé Languille, qui, dans un des mystères qu'on jouait jadis publiquement, représentait le personnage de saint Barthélemy. Soit qu'il jouât ce rôle pour la première fois alors, soit qu'il fût pris tout à coup, comme dit ailleurs le proverbe, de la *fièvre de Saint-Vallier*, au moment où le personnage de l'exécuteur voulut s'approcher de lui, le couteau à la main, pour faire semblant de l'écorcher, le pauvre garçon se prit à crier avant qu'il le touchât; ce qui donna sujet depuis au proverbe : « Il fait comme l'anguille de Melun : il crie avant qu'on l'écorche. »

IL Y A QUELQUE ANGUILLE SOUS ROCHE.

Le mot *anguille*, du latin *anguilla*, dont la racine est *anguis* (serpent), se prenait autrefois pour *serpent*, et il a gardé cette allure dans le proverbe français qui correspond à celui des Grecs :

Le scorpion dort sous la pierre,

et à cet autre des Latins : *Latet anguis in herba,*

Le serpent est caché sous l'herbe.

Les couleuvres sont encore appelées, dans certaines localités, *anguilles de haie.*

Le sens du proverbe est qu'on soupçonne dans
une affaire quelque chose de caché et de dangereux
dont il faut se méfier.

FAIRE LE BON APOTRE.

Il y a dans nos proverbes et locutions populaires
une grande quantité d'allusions à divers passages
du grand Evangile où se trouve relaté l'auguste
sacrifice de la Rédemption. Ces pages touchantes
ont fourni à notre langage populaire bon nombre
de ses images les plus frappantes. Le souvenir de
la trahison de Judas surtout se retrouve dans
mainte expression proverbiale ; voyez plutôt avec
quel mépris superbe on jette cette épithète de
« faux-frère » au traître qui se glisse dans quelque
loyale assemblée. Et ce mot, « baiser de Judas, »
n'est-il pas employé le plus ordinairement pour
désigner de fausses protestations d'amitié ou le
signal de quelque trahison ? Il y a dans cet autre,
« faire le bon apôtre, » moins de colère populaire
et plus d'ironie. On s'y moque tout doucement de
l'hypocrite qui cache sa malice sous des apparences
de bonté, de bonhomie, de probité. Mais c'est
toujours le souvenir du faux attachement, du faux
zèle de Judas, cherchant à tromper Celui qui sait

lo secret do tous les cœurs, et qui, avant tous les
siècles, connaissait qu'il devait être trahi et livré
en ce monde.

SEMER L'ARGENT.

On croirait que cette expression qui s'explique
d'elle-même, et qu'on emploie à l'égard des pro-
digres et des dissipateurs, n'a d'autre cause que
le bon sens public qui a dû la produire. Mais on
se trompe ; elle a pour origine un fait historique,
et c'est à ce fait qu'elle doit d'être devenue proverbe, car c'en est un des plus ordinaires et des
plus communément employés.

En 1474, au temps où les tournois et carrousels
étaient en si grand honneur que les seigneurs et
les princes y accouraient de toutes parts pour y
rivaliser de richesse et de magnificence, il y eut à
Beaucaire un tournoi célèbre. On l'annonça d'a-
vance, ainsi qu'il était dans les coutumes, à son de
trompe dans tous les environs ; et dans tous les
castels de la Provence, on s'y prépara avec une
ardeur qui devait produire des merveilles dignes
des mille et une nuits. On y vint en foule, et
jamais, à aucune cour, on ne fit parade d'autant
de luxe et de magnificence. Un seigneur du temps,
fort riche, Bertrand Raibaux, ne sachant que faire
pour l'emporter en somptuosité sur tous ceux qui
devaient se présenter pour ce tournoi, imagina un

moyen qui devait faire parler de sa richesse à cent lieues à la ronde. Il fit atteler douze paires de bœufs à douze charrues, fit creuser de larges sillons sur l'emplacement désigné pour la fête, et ordonna qu'on l'ensemençât de pièces de monnaie pour une somme considérable alors : trente mille sols de l'époque.

Depuis ce temps, le proverbe s'empara du fait, et l'on dit en France : « Semer l'argent comme Bertrand Raibaux. »

De la langue romane, cette expression est passée dans la langue française; seulement le nom de Bertrand Raibaux étant maintenant trop éloigné de nous, on dit simplement : « Semer l'argent. »

ARGENT FAIT PERDRE ET PENDRE GENT.

Argent prêté veut être racheté.

Argent comptant porte médecine.

Nos pères avaient un proverbe tout de jeu de mots ; ils disaient :

Argent ard gent.

Ard était la troisième personne de l'indicatif présent du verbe *ardre* ou *arder* (brûler), dont nous n'avons guère conservé que *ardent*.

Les Italiens ont, dans ce sens, un proverbe fort bon. Ils disent :

Qui veut s'enrichir dans un an, se fait pendre dans six mois.

Que ceux qui connaissent tout le prix d'un gain honnête, et ce qu'il coûte de courage et de labeurs, disent si ce proverbe n'est pas un des plus exacts.

Il y a sur l'argent une foule de proverbes qui ne sont pas tous bons à rapporter ici.

L'argent est rond pour rouler,

disent les prodigues.

L'argent est plat pour s'entasser,

dit l'avare. Ni l'un ni l'autre ne sont dans le vrai. L'argent n'est fait ni pour être jeté par les fenêtres par les insensés, ni pour être mis en pile et enfoui par cette espèce d'idolâtres qu'on nomme les avares. Ce joli proverbe :

Argent comptant porte médecine,

nous apprend l'usage qu'il en faut faire. Il guérit les maux, dit le proverbe. Que ceux qui en ont guérissent donc autour d'eux tous les maux que fait la misère, et qu'en vrais chrétiens ils n'aiment l'argent que pour le bien qu'il leur permet de faire, qu'en vue de l'aimable charité.

PRENDRE LES ARMES DE BOURGES.

Quand on veut traiter quelqu'un d'ignorant, on dit quelquefois proverbialement, qu'il pourrait prendre les armes de Bourges. Ces armes, comme tout le monde sait, se composaient d'un âne assis dans un fauteuil. L'origine de ce singulier emblème remonte à l'invasion de la Gaule par les Romains, et voici comment on l'explique.

Lorsque les légions de César, luttant contre l'héroïque Vercingétorix, assiégeaient Bourges, un des capitaines gaulois qui défendaient cette ville s'appelait Asinius Pollio. Un jour, Asinius, cloué sur sa chaise par la goutte, reçut l'ordre de faire une sortie. Hors d'état de se mouvoir et de combattre, il donna à un de ses officiers le commandement de cette sortie. Bientôt il apprend que ses soldats, repoussés par les Romains, se précipitaient en désordre vers les portes de la ville. Asinius se fit alors porter sur sa chaise au milieu d'eux; il les harangua, leur reprocha leur lâcheté, la honte de leur fuite, les fit rougir, releva leur courage par la chaleur de ses exhortations; et les Gaulois reprirent alors si vigoureusement l'offensive, que les

Romains, taillés en pièces par eux, dûrent à leur
tour battre en retraite.

Le souvenir de l'action d'éclat d'Asinius demeura dans les esprits. La tradition, en s'éloignant
de l'époque où elle s'était accomplie, changea par
corruption le nom d'Asinius en celui d'*Asinus*,
qui signifie *âne*. Et plus tard, quand les cités
eurent, comme les seigneurs féodaux, leur blason
où elles plaçaient les emblèmes qui rappelaient
leur passé historique, on fit les armes de la capitale
du Berry, en plaçant *un âne assis dans un
fauteuil.*

Il y a environ vingt ans, on voyait encore à
Bourges, dans la rue des Juifs, au-dessus d'une
petite porte noircie par le temps, un bas-relief en
plâtre représentant ce singulier blason.

A SOT AUTEUR, SOT ADMIRATEUR.

Saint Jérôme dit qu'il n'est pas d'auteur si sot
qui ne trouve des lecteurs aussi sots que lui, et
assez pour le louer. Boileau l'a répété dans ce
vers :

Un sot trouve toujours un plus sot qui l'admire.

Un homme de beaucoup d'esprit disait plai-
samment : « Combien faut-il de sots pour faire
un public? »

IL NE FAUT JAMAIS DIRE : A DEMAIN LES AFFAIRES SÉRIEUSES.

Il ne faut pas se fier à l'avenir.

Ne t'attends pas à demain.

Enfin, on a encore un autre proverbe qui dit :

Ne remets pas à demain ce que tu peux faire aujourd'hui.

Et en effet, quelle témérité à nous de disposer du lendemain! Savons-nous seulement s'il se lèvera pour nous? Et puis, sommes-nous sûrs de retrouver quelque temps après les circonstances propices pour l'entreprise que nous remettons à un autre jour? Combien souvent ces retards ont suffi pour dissiper des espérances qui se fussent réalisées si on y eût mis plus d'énergie et de résolution, si on n'avait remis au lendemain une démarche, un travail que l'on pouvait faire de suite !

Les anciens avaient aussi ce proverbe; et voici, dit-on, le fait qui y avait donné lieu.

Archias, tyran de Thèbes, se livrait un jour aux plaisirs et à la dissipation, oubliant, dans les festins et la joie, que l'ennemi était aux portes de la ville et menaçait sa sûreté. Au milieu de la fête, un messager se présente, apportant à Archias une missive fort pressée, laquelle contenait l'avis que le lendemain Thèbes serait surprise par l'ennemi si l'on ne prenait immédiatement d'énergiques mesures pour sa défense. Mais Archias, pour ne point se distraire de la fête, jette dans un coin ce message, bien que celui qui l'avait apporté insistât pour qu'il en prît connaissance ; le tyran, le congédiant du geste, s'écrie : « A demain les affaires. »

Le lendemain, la ville était emportée d'assaut par l'ennemi, et Archias était massacré dans son palais.

Depuis ce temps, les Grecs tournèrent ironiquement en proverbe ce mot d'Archias.

Fontenelle disait à ce propos : « Nous tenons le présent dans nos mains ; mais l'avenir est une espèce de charlatan qui, en nous éblouissant les yeux, nous l'escamote. »

Les Basques ont ce proverbe, dont le sens est le même :

L'avenir est perclus de la moitié de ses membres.

UN BON AVERTI EN VAUT DEUX.

Le vulgaire tronque souvent ce proverbe, et l'on entend dire maintes fois :

Un borgne averti en vaut deux,

ce qui ne manque pas d'un certain sens comique.

L'ancien proverbe était celui-ci :

Qui dit averti, dit muni.

Muni se dit dans le sens de *fortifié*, qui a pris ses précautions.

On parle ainsi à l'égard de ceux qui, prévenus de quelque danger ou de quelque guet-apens, ont pris leurs mesures pour y échapper, et qui, se tenant sur leurs gardes, sont doublement forts. Ce proverbe existe à peu près dans toutes les langues.

BADAUD DE PARIS.

La badauderie est le défaut bien connu des Parisiens, et c'est peut-être une des choses que les étrangers y admirent le plus, que cet étrange assemblage de niaiserie et de bonhomie, et en même temps d'esprit fin et observateur, qui se fait remarquer dans le Parisien-né. Un provincial ou un étranger qui vient voir de près le peuple le plus spirituel de la terre, à savoir le peuple de Paris, ne laisse pas d'être surpris de trouver sur une de nos places publiques une centaine de bouches et d'oreilles béantes autour d'un charlatan qui débite en plein air ses chansons, poudres à dents, élixir de longue vie, ou ses crayons dorés. Et c'est là le peuple qui fait le Dictionnaire de l'Académie, qui fait la langue universelle, rivale de la languemère latine! Et l'Europe se venge par cette épithète de *badaud*, injure bien innocente et qui ne nous humilie guère, car c'est un mot tout national et dont le sens est plus solide qu'on ne le voudrait croire.

Quelques étymologistes croient que ce sobriquet nous vient de l'ancienne porte *Baudaye* ou *Badaye*. D'autres supposent que les habitants de Paris doivent cette dénomination, dérivée du celtique *badaur* (batelier), au goût qu'ils ont toujours eu pour la navigation; car il y avait à Paris une corporation de bateliers connus, au commencement du v° siècle, sous le titre de *Mercatores aquæ parisiaci*, Marchands parisiens par eau, dont l'institution datait à peu près de Jules César, et dont les Romains s'étaient même servis avec avantage pour le transport des vivres et des munitions de guerre. Enfin, d'autres ont cru trouver une étymologie plus certaine de ce mot dans Rabelais, qui dit que Platon comparait les niais et les ignorants à des gens nourris dans des navires, d'où, comme si l'on était renfermé dans un baril, on ne voit le monde que par une fissure.

De ce nombre sont, les *badauds de Paris en badaudois*, par rapport à la cité de Paris, laquelle, étant dans une île de la figure d'un bateau, a donné lieu aux habitants de prendre une *nef* pour armoiries de leur ville. « Comme ils ne quittent pas facilement leurs foyers, dit toujours Rabelais, rien de plus naturel que le sobriquet de badauds qu'on leur a appliqué, par allusion au bateau des armoiries de Paris. »

Il est bien remarquable que Paris a toujours eu une succession de charlatans presque non interrompue, et que la souveraineté de ces rois de carrefours subsiste encore, malgré le progrès, malgré les révolutions, et malgré tout l'orgueil de ce XIXᵉ siècle. Mais aussi nous avons eu de ces charlatans auxquels ne manquaient que de plus convenables tréteaux pour faire peut-être des personnages d'une plus haute illustration. Qui sait quel physicien ou quel alchimiste eût fait le fameux maître Gonin, la coqueluche des badauds de Paris au temps de Charles IX? Qui sait si maître Tabarin ne fût devenu sous une autre étoile un illustre écrivain, et si de nos jours Mangin, le célèbre Mangin, ne serait pas aussi honorablement connu sous l'habit doré du diplomate?

FAIRE JOUER MARTIN-BATON.

Faire un travail à bâtons rompus.

Le mot de *Martin-bâton* existait avant La Fontaine, bien qu'il l'ait en quelque sorte anobli en l'employant dans une de ses fables. Elle nous vient de la ville de Vienne en Dauphiné. De nombreuses forges y étaient placées près de l'église paroissiale de Saint-Martin. Dans ces forges se trouvait une quantité assez considérable d'énormes marteaux en fer tenus par des troncs d'arbres équarris, mus par une chute d'eau, et frappant, avec un fracas et une rapidité étonnantes, sur d'énormes enclumes. Du voisinage de l'église Saint-Martin, ces marteaux furent appelés martinets, dénomination qui leur est restée. C'est du martinet et de la grosse poutre à laquelle il tient comme un marteau à un morceau de bâton, qu'est venue l'expression : « Faire jouer Martin-bâton. »

Quant à l'expression de *bâtons rompus*, on voit que cette façon de parler est une allusion aux exercices du tournoi, où les chevaliers, dans les joûtes de plaisir, se servaient de lances dont le fer était rompu ou ôté, et qu'on appelait pour cette raison *lances courtoises* ou bâtons rompus ; tandis que, dans les joûtes sérieuses, ils faisaient usage de lances acérées. Mais il ne faut pas que cette origine fausse le sens de l'expression populaire, « faire un travail à bâtons rompus, » ce qui ne signifie pas faire quelque chose peu sérieusement et par manière de jeu, le faire sans suite, après de fréquentes interruptions, à intervalles inégaux. C'est peut-être plutôt une figure prise d'une batterie de tambour qui consiste à faire jouer les bâtons ou baguettes alternativement, ce qui s'appelle *rompre les bâtons.*

BATTRE LA BERLOQUE.

La *berloque* ou *breloque* est une batterie de tambour par laquelle on annonce aux soldats le moment de nettoyer la caserne ou d'aller aux distributions. Comme cette batterie semble être sans suite, on a dit *battre la berloque,* pour *divaguer, déraisonner*.

AU TEMPS OU LA REINE BERTHE FILAIT.

C'est-à-dire au bon vieux temps, à l'époque où le fuseau et la quenouille formaient les attributs de la femme, le symbole de ses devoirs domestiques, fût-elle bourgeoise, châtelaine ou reine. Alors les femmes du plus haut rang s'occupaient à filer comme les plus simples ménagères; et si plus tard le langage populaire s'empara de cette tradition pour rappeler les mœurs du vieux temps, c'est peut-être parce que les dames quittèrent la quenouille pour l'aiguille, et qu'elles firent de la tapisserie, au lieu de filer le lin et le chanvre. La tapisserie est bien ancienne, mais la quenouille et le fuseau le sont encore plus. Tanaquil, épouse de Tarquin, roi de Rome, était devenue célèbre chez les Romains par son zèle à remplir ce soin domestique. C'est aussi l'une des occupations mentionnées parmi celles de la femme forte de

l'Ecriture, cet immortel modèle des épouses et des
mères de famille. Enfin, chez les Francs, la
femme qui donna lieu à ce proverbe qui a encore
ailleurs une autre origine, est l'illustre reine
Berthe, épouse de Pépin et mère de Charlemagne,
surnommée par les Français la reine Berthe au
long pied, parce qu'elle en avait un plus grand
que l'autre. Cette princesse, comme les mères de
tous les grands hommes, était elle-même une
femme remarquable et bien digne de l'honneur
que lui fit Pépin d'être élevée la première au trône
avec lui. Au caractère le plus doux et le plus
affable, elle joignait d'énergiques et solides vertus;
elle fut le conseil de Pépin, la splendeur de sa
cour par son esprit, sa grâce et sa beauté, l'admiration de ses sujets et des grands officiers de la
couronne par son courage, qui lui faisait partager
tous les dangers des expéditions du roi son époux.
Le pape Etienne III, qui régnait alors sur la
chrétienté, avait d'elle la plus haute idée, et elle
eut une sérieuse influence non seulement sur les
affaires de l'Etat, mais encore sur les destinées de
ses fils.

Adenès, poète du XIIe siècle, fit en vers le
roman de *Berthe au grant pié*, dont nous avons
maintenant une excellente édition, et parle de
cette princesse dans les termes les plus respec-
tueux; il nous la montre filant de ses mains
royales la robe du pauvre, et il l'appelle *Berthe
la filandière*.

Les Italiens et les Provençaux ont aussi dans leurs traditions une *Berthe fileuse*. C'était Berthe de Lorraine, femme d'un comte de Provence, et mère de Hugues, roi d'Italie en 926. Mais cette princesse était loin du caractère doux et de la réputation sans tache que l'histoire reconnaît à notre *reine Berthe*. Elle entraîna le marquis de Toscane, son époux, en des guerres aventureuses, et elle était d'un esprit remuant et ambitieux. Néanmoins, comme elle tint une cour fort splendide qu'animaient aussi son brillant esprit et sa beauté, son nom est resté en Italie l'indication du bon vieux temps, et l'on dit encore dans ce pays *Al tempo che Bertha filava* : Au temps où Berthe filait.

Enfin les Provençaux ont encore une autre tradition qui se rapporte à sainte Marthe, laquelle, ayant abordé sur les côtes de Provence, aurait fini sa vie, écoulée presque entière à Béthanie, dans une grotte appelée la Sainte-Baume. Ils disent donc :

Au temps où Marthe filait.

LE BIEN VIENT EN DORMANT.

Un jour que le roi Louis XI se promenait entouré de courtisans qui l'obsédaient pour obtenir un bénéfice vacant, les uns pour eux-mêmes, les autres pour leurs parents, le roi aperçut par hasard un pauvre prêtre qui dormait, insouciant

des biens de ce monde, à côté de son bréviaire.
« Par le Pasque-Dieu, vous m'ennuyez, dit-il
aux solliciteurs. Je la donne à ce pauvre ecclésiastique, pour ne pas faire mentir le proverbe
qui dit que le bien nous vient souvent en
dormant. » On annonça au pauvre clerc sa bonne
fortune en le réveillant, et il se trouva que,
s'étant endormi avec son livre de patenôtres pour
tout bien, il s'était réveillé avec un bénéfice de
dix mille livres de rentes, qui en vaudraient
plus de trente aujourd'hui. Mais il ne faut pas
trop compter sur le proverbe, ni se reposer de
l'avenir sur l'avenir lui-même. Le travail est le
seul chemin qui mène à la fortune, et c'est ce
que dit d'ailleurs sagement un autre proverbe :

Ne te fie qu'à toi-même.

UN BIENFAIT N'EST JAMAIS PERDU.

Non, un bienfait n'est jamais perdu : non
seulement il porte avec lui sa récompense, par
cette joie intime et sans mélange que donne toujours le témoignage de la conscience; non seulement Dieu nous en garde le salaire inestimable
dans son royaume, où sont comptées toutes les
minutes de notre rapide existence, tous les mouvements de notre cœur; mais encore il est rare
que, dès cette vie, nous n'en recevions pas quelque bénédiction temporelle. Certes, on s'abuserait
étrangement d'attendre toujours le prix d'un

bienfait; et on en perdrait assurément tout le mérite, en y attachant quelque vue intéressée. On fait souvent des ingrats, et l'histoire du cœur humain est pleine de ces lâches défections. Mais que n'a pas fait souvent aussi le souvenir d'un bienfait reçu! Combien en est-il qui, au jour du danger, ont dû leur salut à ceux qu'ils avaient eux-mêmes tirés d'un péril quelconque en des jours différents!

Mais si, affligés par l'ingratitude de quelque ami, nous commencions à regretter dans notre cœur de l'avoir secouru aux jours d'infortune, réprimons ce mauvais mouvement, et estimons-nous heureux que Dieu se réserve à lui seul de nous donner notre récompense! Il peut être plus généreux que la créature, lui l'auteur de tous biens, et il nous fera notre part d'autant plus large.

AVOIR LA TÊTE PRÈS DU BONNET.

Cette expression a le même sens que cette autre : « avoir la tête chaude, » c'est-à-dire être disposé à la colère. Cependant, *avoir la tête près du bonnet*, marque non seulement que quelqu'un est facile à s'emporter, mais que ses emportements sont voisins de la folie; car la folie était désignée autrefois surtout par l'expression de *bonnet*, son attribut, ainsi que nous l'apprend ce vieux proverbe :

A chaque fou plait son bonnet.

C'est une allusion au *bonnet*, qui était la coiffure distinctive des fous en titre d'office.

Triboulet, le fou du roi François Ier, eut un jour la spirituelle boutade que voici :

« Si l'empereur Charles-Quint, dit-il devant son maître, est assez peu sensé pour voyager en France sur la parole de notre roi, qui a tant de raisons de le traiter en ennemi, je lui donnerai mon bonnet. — Et, dit le monarque, s'il y voyage sans avoir à s'en repentir? — Alors, répliqua Triboulet, je reprendrai mon bonnet pour l'offrir à Votre Majesté. »

CORDONNIER, FAIS DES BOTTES.

Un cordonnier avait trouvé à redire à la façon de la chaussure que le peintre Apelles avait donnée à un de ses portraits exposés en public. Apelles lui en sut bon gré et réforma le défaut que lui avait indiqué l'artisan. Mais, à la faveur de cet utile conseil, le bonhomme voulut émettre son avis sur quelque autre endroit du même tableau ; et ici Apelles se fâcha, il lui ferma la bouche : « Cordonnier, fais des bottes, » lui dit-il en lui rappelant qu'il n'eût qu'à se mêler de ce qui regardait son état. Ce mot spirituel a été recueilli par l'histoire et a passé dans notre

langage. On doit dire, du reste, que le sens
caché sous cette forme ironique et concise correspond on ne peut mieux à l'esprit français,
bref, piquant et finement railleur de sa nature.
Un de nos grands poètes l'a répété avec beaucoup
d'à-propos.

FAIRE DE LA BOUILLIE POUR LES CHATS.

L'animal domestique le plus propre est assurément le chat. Le plus élégant fashionable ne
mange pas plus délicatement, et ne ménage pas
ses moustaches parfumées avec plus d'art et de
soin que le chat en met à écarter de tout dommage les longs poils qui garnissent son museau
à son extrémité. Aussi se soucie-t-il médiocrement
de la bouillie.

Un jour, il y a de cela fort longtemps, deux
avocats dissertaient longuement à une audience
du parlement, assez embarrassés pour conclure,
parce que la cause qu'ils plaidaient, fort embrouillée par elle-même, l'était devenue encore
beaucoup plus depuis qu'ils s'en étaient mêlés.

Sur ces entrefaites, un chat pénètre gravement
dans la salle d'audience, et s'avance, sans se
préoccuper du bruit que font les plaideurs et l'hi-
larité de l'auditoire.

« Ce chat croit donc que nous avons des rats?

dit un conseiller à son voisin. — Non, répondit l'autre : il vient flairer la bouillie que nous faisons pour les chats. »

QUI SE FAIT BREBIS, LE LOUP LE MANGE.

Il est certaines personnes avec lesquelles on ne doit pas avoir trop de douceur. On pourrait répondre au proverbe que, sans cesser d'être brebis, on pourrait aussi ne pas s'aller jeter, comme il dit ailleurs, dans la gueule du loup. Il ne faut jamais quitter la douceur et la bonté qui doivent être dans le cœur d'un disciple de l'Evangile. Mais on peut, sans déroger à la charité, garder un peu de fermeté à l'égard des personnes dont notre bonté et notre abandon nous feraient la dupe.

Un berger priait son père de lui donner un conseil qui fût le résultat de sa longue expérience.

« Mon fils, lui dit le vieillard, sois bon, car il est avantageux de l'être; mais sois-le de manière que le loup n'ose te montrer les dents. »

IL N'EST SI PETIT BUISSON QUI NE PORTE OMBRE.

ou Il n'est point de petit ennemi.

La Fontaine a expliqué très ingénieusement, dans une de ses plus spirituelles fables, comment *on a souvent besoin d'un plus petit que soi.* Le proverbe qui dit *qu'il n'est point de petit ennemi,* dit tout aussi vrai. Il ne faut dédaigner aucune amitié ni aucune inimitié, si petite qu'elle soit. La moindre amitié peut nous être d'une immense utilité quelque jour; et l'ennemi que nous craignons le moins, peut tenir peut-être notre vie en ses mains, selon le caprice des vicissitudes humaines. Enfin, pour parler comme le proverbe, — et cette allégorie est charmante, — *il n'est si petit buisson qui ne porte ombre.*

Ecoutons l'apologue que Joathan raconta au peuple de Sichem :

« Les arbres, s'étant assemblés pour élire un roi, offrirent d'abord la royauté à l'olivier, qui la refusa, alléguant pour raison qu'il ne pouvait négliger la tâche qu'il avait reçue de Dieu de l'honorer, pour monter sur le trône et régner sur les plantes. A son refus, le sceptre fut offert au figuier qui ne voulut pas non plus l'accepter, disant qu'il ne voulait pas échanger la douceur de son fruit pour l'éclat du diadème. On s'adressa à la vigne, qui ne fit pas plus de cas des grandeurs, leur préférant la production du nectar qui réjouit les hommes. L'épine fut moins dédaigneuse : ce rebut de la nature accepta de commander aux autres plantes et fit depuis courber sous sa couronne tyrannique les cèdres du Liban et tous les arbres les plus altiers. Elle leur offrit l'ombrage qu'elle ne pouvait leur donner, pour les convier à s'approcher d'elle et pour leur faire éprouver plus cruellement ses piqûres. »

Cet apologue est bien l'image de ceux qui, sortis des rangs les plus infimes de la société, se trouvent élevés en 'puissance, ou même qui, sans changer d'état, profitent bassement de l'occasion de faire éclater leurs haines et leurs ressentiments.

TOURNER CASAQUE.

Voici l'anecdote sur laquelle se fonde l'origine de cette expression proverbiale.

Le duc de Savoie, Charles-Emmanuel, le même qui échangea la Bresse contre le marquisat de Saluces, prenait parti indifféremment ou selon son humeur, tantôt pour la France, tantôt pour l'Espagne. A cet effet, il portait un juste-au-corps blanc d'un côté et rouge de l'autre. Lorsqu'il tenait pour la France, il prenait le côté blanc. S'il tenait pour l'Espagne, on retournait le juste-au-corps, et il se trouvait rouge. Malheureusement, ce royal caméléon était bossu; ce qui aiguisa la belle humeur d'un poète français à son sujet; et comme les États du duc étaient tout de montagnes, il fit ces vers sur le caractère inconstant de ce prince :

Si le bossu mal à propos
Quitte la France pour l'Espagne,

> On lui laissera de montagne
> Que celle qu'il a sur le dos.

Le Français est né malin, comme dit Boileau, et bien qu'il soit brave par excellence, quand on lui laisse le choix des armes, il prend volontiers de préférence l'épigramme et l'ironie. Ce sont bien des armes blanches ; mais elles n'en sont pas plus innocentes pour cela.

RESTER POUR COIFFER SAINTE CATHERINE.

Le jour où une jeune fille se mariait, on avait coutume autrefois de charger celle qui souhaitait le plus de faire bientôt comme elle, d'attacher sa coiffure nuptiale, dans l'idée superstitieuse que cela ne pouvait manquer de l'aider à se marier plus vite. Et c'est encore un honneur, du reste, en province, que d'attacher la première épingle à la couronne d'une fiancée. Or, comme cet usage n'a jamais pu être observé à l'égard d'aucune des saintes du nom de Catherine, attendu qu'elles sont toutes mortes en religion, et que, suivant la remarque des légendaires, elles ont toutes fait choix de l'Epoux immortel, on a dit de là, des filles qui restent à marier et qui n'en ont plus l'espérance, qu'elles restent pour *coiffer sainte Catherine*, ce qui signifie qu'il n'y a chance pour elles d'entrer en ménage qu'autant qu'elles auront fait la toilette de noce de cette sainte, condition impossible à remplir.

Cependant cette explication, bien qu'authentique, est un peu compliquée. En voici une plus simple, fondée sur l'usage qu'on avait de coiffer les statues de saintes dans les églises. Comme on ne choisissait que des jeunes filles pour coiffer sainte Catherine, leur patronne, il fut très naturel de considérer ce ministère comme une charge toute spéciale pour celles qui vieillissaient sans espoir de mariage, après avoir vu toutes leurs compagnes se marier.

BONNE RENOMMÉE VAUT MIEUX QUE CEINTURE DORÉE.

Le proverbe disait autrefois :

> Bonne et commune renommée
> Valent mieux que ceinture dorée.

Un ancien auteur dit dans un proverbe en distique :

> Bonne femme et bonne renommée
> Valent mieux que ceinture dorée.

La plupart des étymologistes donnent à ce proverbe une origine qui remonterait au temps de la belle et pieuse reine Blanche, mère de saint Louis, qui, dit-on, aurait ordonné un costume spécial pour les femmes de mauvaises mœurs.

Puis, cette loi somptuaire ayant été mal maintenue, ces femmes reprirent peu à peu leur faste et leur élégance : de telle sorte que les dames à qui la ceinture dorée était restée par privilège, se regardèrent bientôt comme déshonorées de porter cet ornement. Elles le quittèrent donc sagement, et se consolèrent par ce proverbe : « Bonne renommée vaut mieux que ceinture dorée. »

L'Ecriture dit : « N'envie pas la prospérité des méchants. » Que l'honnête homme qui gagne de ses labeurs le pain de chaque jour ne regarde donc pas d'un œil jaloux les prospérités de l'homme injuste et trompeur. Que la femme modeste, dont la vie s'écoule dans l'humble cercle du devoir, n'élève donc pas les yeux sur l'or et les pierreries qu'étale auprès d'elle la femme prodigue de son honneur. Le témoignage de la conscience, l'estime de leurs semblables, les promesses de Dieu, ne sont-ils pas des biens sans prix, et ne donnent-ils pas en réalité la meilleure part, même en ce monde ?.

QUATRE-VINGT-DIX-NEUF MOUTONS ET UN CHAMPENOIS FONT CENT BÊTES.

Que les Champenois ne soient pas trop choqués du proverbe. S'il y est question, comme le croient quelques étymologistes, de leur bonhomie native, il n'a rien d'injurieux ; et puis enfin, il faut dire aussi qu'ils sont bien mieux traités qu'une foule d'autres provinces. Car c'est chose curieuse et amusante de voir comme chacun de ces petits pays qui divisent notre France a sa physionomie essentielle qui lui est propre et qu'un proverbe trahit toujours. Il y en a bon nombre qui sont bien autrement fâcheux que celui-ci.

Les Champenois sont d'un naturel doux et conciliant. Contrairement aux Lorrains, aux Normands, aux Franc-Comtois, et à quelques autres encore (c'est le proverbe qui le dit, nous n'y sommes pour rien), ils fuient la chicane ; et si la bonne foi était bannie, dirons-nous comme jadis le roi Jean, du reste de la terre, ce serait certainement dans quelque coin de la Champagne qu'il faudrait l'aller chercher. Cela est tout à l'éloge de ses habitants. La bonté n'exclut pas toujours l'élégance de l'esprit, mais le bel-esprit exclut souvent la bonté.

D'autres étymologistes donnent une version qui prouverait que les Champenois ne sont pas aussi bêtes qu'ils en ont l'air ; car antérieurement à la formation du royaume de France, on les comparait pour la naïveté aux peuplades italiennes de la Campanie, dont ils portaient le nom.

Après la conquête des Gaules par Jules César, les vainqueurs prélevèrent des tributs sur les vaincus. Ces tributs, on le sait, étaient le plus souvent payés en produits du sol ou en troupeaux.

Les Champenois, entre autres, étaient taxés à un mouton par troupeau de cent bêtes et au-dessus. Mais ce tribut devint bientôt improductif, et voici comment les Champenois s'y prirent pour l'éluder. Lorsque les Romains se présentaient pour compter un troupeau, ils ne trouvaient toujours que quatre-vingt-dix-neuf bêtes à laine, et s'en allaient comme ils étaient venus. Mais le fisc ne fut point content de ces arrangements. César ordonna que le berger de chaque troupeau compterait non pas comme homme, mais comme mouton, et que, en conséquence, un troupeau composé de quatre-vingt-dix-neuf moutons et d'un Champenois acquitterait le tribut dû par un troupeau de cent moutons.

CHARBONNIER EST MAITRE CHEZ SOI.

Ce dicton populaire favori date du règne de François Ier, ce roi-chevalier, à l'humeur franche, gaie, aimable et loyale par-dessus tout. Ce prince, s'étant égaré un jour dans une forêt pendant une partie de chasse, dut s'estimer heureux de trouver, pour la nuit qui approchait, un gîte modeste dans la loge d'un charbonnier qu'il rencontra. On pense bien qu'il n'y trouva pas ses aises, quoique le maître en fît les honneurs de son mieux à celui qu'il prenait pour un simple gentilhomme. Cependant il s'adjugea à table la première place, ce à

quoi le roi n'était point habitué de la part des courtisans. Aussi fit-il malgré lui un mouvement de
surprise qui trahit son impression. Ce que voyant
son hôte, il lui dit dans sa brusque franchise :
« Que voulez-vous ? charbonnier est maître chez
soi. »

Le roi et le charbonnier dînèrent à merveille ;
et le noir amphytrion, pour faire honneur à l'appétit de son hôte inconnu, tira mystérieusement
de l'armoire un morceau de venaison, dont il l'en-
gagea à prendre largement sa part, en lui recommandant surtout le secret ; car les braconniers,
en ce temps-là, encouraient des châtiments fort
graves.

Le matin venu, le roi, sur la porte de la cabane,
sonna du huchet. Ses compagnons de chasse,
inquiets depuis la veille, accoururent à son appel,
et s'inclinèrent devant lui en le saluant du nom
de *Sire* et de *Majesté*. Le charbonnier fut bien
ébahi en reconnaissant que celui qu'il avait hébergé
était le roi ; et il commençait à se repentir de la
brusque bonhomie de sa réception. Mais le monarque, lui frappant familièrement sur l'épaule, le
remercia cordialement, et à la considération de sa
nouvelle connaissance, accorda une exemption
de droit pour le transport du charbon par terre
et par eau.

TOMBER DE CHARYBDE EN SCYLLA.

Cela signifie tomber d'un péril dans un autre.

Un isthme rattachait autrefois le sol sicilien au reste de l'Italie. Les tremblements de terre et les volcans le firent crouler dans la Méditerranée, et de là vint qu'il y eut les détroits connus sous le nom de Charybde et de Scylla, qui sont deux écueils redoutés. Charybde est du côté de Messine; Scylla est du côté de la Calabre. L'un est un gouffre effrayant dans lequel la mer se précipite avec une rapidité qui ne permet aux vaisseaux ni de résister ni de virer de bord. L'autre est un rocher menaçant, au pied duquel sont plusieurs autres rochers et des cavernes souterraines où s'engouffrent les flots avec un bruit formidable. De loin, leur mugissement effraie le pilote, qui, pour éviter d'un côté les rochers où il se briserait, et de l'autre le gouffre béant qui attend le navigateur imprudent, n'a de chance de salut qu'en gardant un strict juste milieu. Autrement, il ne fuirait un abîme que pour tomber dans un autre.

C'est de là qu'est venue cette locution : *Tomber de Charybde en Scylla.*

On ne sait si ce proverbe est antérieur aux XIᵉ et XIIᵉ siècles. Ce qu'on peut affirmer, c'est qu'on ne le trouve pas dans les écrits des anciens.

Les Espagnols ont ce proverbe remarquable et imposant :

En fuyánt le tonnerre, on tombe sous la foudre.

Ils entendent par le tonnerre l'explosion ; par la foudre, le feu.

CHAT ÉCHAUDÉ CRAINT L'EAU FROIDE.

L'apologue dit qu'un certain chien (il ne dit pas un chat) qui n'osait pas sortir en temps de pluie, enquis par un sien camarade de même espèce du sujet de sa crainte, répondit qu'un jour, allant par la rue, il lui était tombé sur le corps de l'eau qui l'avait brûlé et pelé (c'était de l'eau chaude qu'on avait jetée sur lui par une fenêtre), et que depuis ce temps-là il avait toujours appréhendé la pluie. Cette allégorie rappelle la crainte et l'appréhension que laisse en nous le danger passé. Il est dans la nature humaine de redouter même la trace et le souvenir du péril qu'on a couru. Ce n'est pas un instinct qu'il faille combattre ; tout au contraire, l'Ecriture dit que celui qui aime le péril y périra.

C'est par amplification que le proverbe dit : *Chat échaudé craint l'eau froide,* et pour faire entendre qu'on ne craint pas seulement le danger auquel on a échappé, mais qu'on craint même l'ombre du danger.

BATIR DES CHATEAUX EN ESPAGNE.

Un poète de la Table ronde, Adenès le Roi, dans son roman de *la Rose*, nous apprend que cette locution était alors communément employée, ce qui lui donnerait déjà •une origine assez ancienne.

Tout le monde sait quel est le sens du proverbe. Et quel est l'homme assez sage pour n'avoir jamais de sa vie élevé quelque château en Espagne, pour n'avoir jamais rêvé sur le sable mouvant de l'avenir le moindre palais de cartes, fragile édifice que le premier souffle de la réalité vient abattre sous nos yeux consternés?

Pendant bien des siècles, les relations entre les Français et les Espagnols furent à peu près nulles. Un certain nombre de Catalans et de Basques espagnols venaient seuls commercer à quelques foires de nos villes frontières dans les Pyrénées, et leur costume assez misérable inspirait une triste idée de la richesse de leur pays. On se représentait généralement l'Espagne comme n'offrant plus, après ses quelques villes importantes, que des solitudes inhabitées et inhabitables : de là vient que tous ceux qui, dans ces moments où l'imagination point tout en beau, rêvaient fortune, succès, châteaux, qui formaient les plans les plus riants, faisaient des *châteaux en Espagne*. On ne croyait

point, en effet, qu'il fût sage et possible d'élever
des châteaux dans des solitudes désertes. Telle est
l'étymologie la plus authentique d'un proverbe
qui pourrait bien venir de ce que les rêves de l'espérance nous entraînent toujours bien loin, et de
ce que l'on n'a pas le droit de rien élever dans un
pays où l'on n'a pas de propriété.

MÉNAGER LA CHÈVRE ET LE CHOU.

Tous les enfants connaissent l'histoire de la
chèvre et du chou ; c'est un des premiers exercices
qu'on propose à leur jeune intelligence ; et il faut en
convenir qu'il n'est pas facile, et que ce n'est rien
moins qu'un problème. Encore ai-je vu des gens
fort *doctes* et *experts* qui, ignorant cette petite
tradition familière, renonçaient à résoudre la
question.

Voici l'explication de cette combinaison, assez
connue du reste :

Un homme, ayant à faire passer une rivière à
un loup, à une chèvre et à un chou, doit les passer
l'un après l'autre. Mais comment faire ? Car s'il
passe d'abord le loup, il laissera la chèvre avec le
chou, et du chou, certainement, il ne restera pas
une feuille. S'il passe d'abord le chou, la chèvre
restera avec le loup, et ce sera bien un autre
dégât ! Enfin, s'il passe d'abord la chèvre, puis le

chou, celui-ci ne sera guère en sûreté à son arrivée à l'autre bord.

Dans cette alternative, que faire donc pour ménager la chèvre et le chou? Voici le moyen qu'a imaginé la sagesse populaire.

A son premier voyage, il passera la chèvre ; à son second, il passera le chou, et il ramènera la chèvre à l'autre bord, où il la laissera en prenant le loup. A son troisième, il passera le loup, qu'il pourra laisser impunément avec le chou. Enfin il fera un dernier voyage pour passer la chèvre.

De cette façon seulement, il sera parvenu à ménager la chèvre et le chou.

Ce petit problème est aussi une ingénieuse figure. Que de fois, dans la vie, un homme habile et sage, pour ne point mettre en présence des intérêts contraires, pour éviter le choc redoutable des personnalités ou des vanités aux prises, sait ménager la chèvre et le chou !

IL FAIT COMME LE CHIEN DE JEAN DE NIVELLE, IL S'ENFUIT QUAND ON L'APPELLE.

On ne sait trop pourquoi le vulgaire a tourné en risée ce proverbe, dont l'origine est pourtant assez éloignée du ridicule. C'est sans doute parce qu'il s'en sert en l'ignorant, comme il advient le plus souvent. Ce Jean de Nivelle, ayant eu avec

son père des démêlés assez vifs, s'emporta crimi-
nellement envers lui jusqu'à lui donner un soufflet.
Le duc son père, si cruellement offensé, alla se
plaindre au roi et au parlement, qui citèrent le
seigneur de Nivelle à comparaître pour y répondre
de l'accusation grave portée contre lui. Mais plus
on le sommait de se rendre, plus le coupable,
craignant justement l'arrêt que sa conduite méri-
tait, se hâtait de courir et de s'enfuir vers la
Flandre, où était tout son bien du côté de sa
femme. On eut beau proclamer à son de trompe,
par les rues et carrefours de Paris, comme cela
était alors d'usage; Jean de Nivelle ne venait pas.
Il n'y revint de longtemps; car son crime étant
public, on ne parlait de lui qu'avec dédain et comme
d'un chevalier lâche et félon. Dans la bouche
du peuple, il ne fut plus que *le chien de Nivelle*.
Sa fuite précipitée et cette dénomination donnèrent
lieu au proverbe, et le firent appliquer à tous ceux
qui fuyaient au moment où on les appelait.

BON CHIEN CHASSE DE RACE.

Bon sang ne peut mentir.

Il est vrai qu'il y a, dans les descendants d'un
homme vertueux, ou de nobles et saints aïeux,
comme une générosité native, comme un perpétuel

élan vers le beau et le bien. Le proverbe dit ailleurs :

Tel père, tel fils.

Mais ici il est moins positif, et par conséquent moins susceptible de se tromper. Ici il ne dit pas qu'un sang noble et vertueux ne fait jamais défaut à ses glorieux antécédents ; mais il semble impliquer que jamais il ne tombe tout à fait au-dessous de son origine, que sa générosité s'éveille toujours à temps pour l'empêcher de faillir et de mentir à sa noblesse. C'est une douce récompense pour de pieux parents, et on pourrait presque dire qu'ils sont payés du salaire de leurs vertus dès ce monde, en songeant que le germe de ces mêmes vertus passera à leur postérité.

QUI N'ENTEND QU'UNE CLOCHE N'ENTEND QU'UN SON.

C'est ainsi qu'on s'exprime pour signifier que de deux personnes aux prises, ou de deux causes adverses, celle qui parle seule a toujours raison. Il y a bien une anecdote connue relativement à ce proverbe ; mais nous ne pouvons la rapporter ici. Il nous suffit d'en expliquer le sens, qui, du reste, est très sage et très profond. Cela est vrai ; nous sommes toujours portés à nous donner raison aux dépens de la vérité même ; et qui n'entendrait que notre plaidoyer, serait certainement très

touché en notre faveur. Aussi faut-il entendre
les deux cloches, comme on dit, avant de prendre
parti pour l'une des deux.

UN PAYS DE COCAGNE.

Il est si naturel à la pauvre humanité de sou-
haiter le bonheur — non le bonheur acheté
au prix de ses travaux, de ses sueurs et de ses
larmes, mais un bonheur facile et tout gratuit, —
que, ne pouvant le trouver dans le monde réel,
puisque la déchéance originelle nous condamne
au travail et aux douleurs, elle l'a au moins
trouvé dans le monde mouvant et fantastique
des chimères. Elle s'est créé une contrée fabu-
leuse où la nature lui prodigue tous ses trésors
sans y être forcée par nos labeurs et nos fatigues.
Contrée merveilleuse, où des fleuves d'un lait pur
et des ruisseaux d'un vin exquis arrosent de déli-
cieuses forêts, où les gâteaux, les pâtés, les
jambons, les viandes délicates, les fruits confits, les
pralines et les friandises de toute espèce forment
une succulente végétation. L'heureux habitant du
pays de cocagne vit dans un perpétuel *dolce far-
niente*. Le sol y produit sans semence et sans
culture. La guerre, les voleurs, les procureurs,
tous les fléaux y sont inconnus. Les vieillards y
rajeunissent, et on n'y a autre chose à faire que

des souhaits de prospérité qui sont tout aussitôt réalisés que formulés.

L'heureux pays! et combien c'est dommage, n'est-il pas vrai, qu'il n'existe nulle part ailleurs que dans l'imagination qui le rêve!

Legrand a donné, en 1718, une comédie très divertissante, où il peint en vers charmants toutes les délices du pays de cocagne. Sans doute cette figure a donné lieu à la coutume d'élever dans les fêtes publiques des *mâts de cocagne*. Ce sont des bigues d'une très grande élévation, à l'extrémité desquelles est suspendue une couronne dont chaque fleuron est un bijou ou une friandise; les candidats ne peuvent y atteindre qu'en y grimpant; et comme le mât est enduit de suif ou de savon, ce n'est qu'à force de persévérance que les aspirants peuvent atteindre à un lot quelconque. Car ici ils sont dans le monde réel, et il faut travailler pour acquérir. Dans les ports de mer surtout, ces jeux sont très pittoresques.

Quant à l'étymologie du mot de *cocagne*, on en compte beaucoup, et on a bien de la peine à en reconnaître quelqu'une de fondée et d'authentique. Ménage ne l'indique pas. On disait autrefois, *coquaine, coucagne*, et *caucagne*. Selon quelques auteurs, Furetière et le Dictionnaire de Trévoux, par exemple, *coquaigne* est le nom d'un petit pain de pastel en usage dans le haut Languedoc, pays très fertile. De là serait venu l'usage de dire « un pays de coquaigne, » pour signifier un pays très fertile. Un autre auteur, Brossette, dit qu'il y a en Italie, sur la route de Rome à Lorette, un canton très riche et très abondant en fruits et céréales, du nom de *Cuccagna* ; on y vit à très bon marché ; et il prétend que cette localité a été le type du fameux pays imaginaire de cocagne. Cette étymologie est sans doute la plus certaine.

JETER LE MANCHE APRÈS LA COGNÉE.

Ce proverbe, ainsi que quelques autres, n'a point d'origine assignée. Il ne fait que rappeler le bûcheron de la fable, lequel, voyant que le fer de sa cognée, échappé du manche, était tombé dans l'eau à une trop grande profondeur pour l'en pouvoir retirer, jeta, dans son dépit, le manche après le fer. On a coutume d'employer cette locution à l'égard de ceux qui, désespérant trop facilement du succès d'une entreprise, l'abandonnent en renonçant au peu de chances qui pourraient leur rester encore. On a toujours à se repentir de se laisser emporter par le dépit. Mais qu'est-ce quand on y sacrifie les espérances qu'on pourrait encore conserver ? C'est une sorte d'injure à la Providence, et l'on ressemble alors à ces insensés qui tournent leur colère contre eux-mêmes, ne sachant à qui s'en prendre des contre-temps qui leur surviennent.

LA NUIT PORTE CONSEIL.

Tous les sages anciens et modernes ont prêché la réflexion, et fulminé contre les jugements précipités et téméraires. Aussi dit-on qu'il faut tourner sept fois la langue dans la bouche avant de donner le moindre avis, et la vérité est qu'une foule de gens y gagneraient beaucoup. Du reste, on connaît si bien le prix de la réflexion, que, lorsqu'on est préoccupé de quelque affaire sérieuse, on a coutume de dire : « Attendons à demain ; la nuit porte conseil. »

CONTENTEMENT PASSE RICHESSE.

La Fontaine a donné le développement de ce proverbe dans sa charmante fable du Savetier et du Financier. Le travail, la santé, la paix de la conscience et du cœur surpassent tous les biens terrestres. La richesse qu'est-elle? Souvent un souci de plus.

Notre proverbe est latin d'origine; mais les Latins disaient :

La pauvreté que la joie accompagne est un trésor.

LES CONTES DE MA MÈRE L'OIE.

Un ancien fabliau représente une mère oie ins-
truisant de petits oisons, et leur faisant des contes
à la portée de la gent de basse-cour. Les oisons
l'écoutent si attentivement qu'ils en semblent tout
absorbés et bridés par l'intérêt qu'elle sait leur
inspirer.

Cette allégorie, qui n'a pas de sens fondé, a
servi de frontispice à une foule de livres destinés
à l'enfance et à la jeunesse. On l'a même remis
à la mode au commencement de ce siècle, et
dans mainte édition de Berquin et autres auteurs
dont nous estimons le mérite, on la retrouverait
encore.

A LA VENUE DES COQUÉCIGRUES.

C'est-à-dire jamais. Il est question ici d'un
oiseau fabuleux dont le nom, suivant quelques
auteurs, est formé de trois mots, *coq, cigne, grue*,
et dérivé d'une ville imaginaire que le célèbre
Aristophane suppose être bâtie en l'air par les
oiseaux. On a prétendu aussi que la coquecigrue
est un oiseau aquatique appelé *clyster* chez les
anciens. On dit d'une personne qui raisonne de
travers, qu'elle parle *comme une coquecigrue*,
et d'une personne qui dit des choses incroyables,
qu'elle conte *des coquecigrues*.

Un poète français, Saint-Amand, bien connu par l'*Art poétique* de Boileau, dit en ses vers, « qu'il se plaît à lancer

> Dans le champ de l'azur, sur le parvis des nues,
> Son esprit à cheval sur des coquecigrues.

MAIGRE COMME UN COUCOU.

Il faudrait ajouter *au printemps;* car ce n'est qu'alors que le proverbe dit juste, attendu qu'à la saison d'automne le coucou devient très gras et qu'il fournit même un assez bon mets.

On dit aussi *ingrat comme un coucou;* mais c'est un proverbe qui n'est guère usité qu'en Allemagne.

A LA COUTUME DE LORRIS, LE BATTU PAIE L'AMENDE.

Fleury de Bellingen donne à peu près en ces termes l'origine historique de cette vieille locution. Lory, maintenant Lorris, est une petite ville du Gâtinais située à environ vingt lieues de Paris. Quoique cette ville paraisse peu importante, elle avait autrefois des lois coutumières d'une grande notoriété pour quelques provinces de France, et surtout d'une très grande ancienneté. Une de ces lois entre autres portait une amende sévère pour tous ceux qu'on pouvait convaincre d'avoir battu ou injurié quelqu'un.

La loi leur adressait ces paroles, par lesquelles elle leur ordonnait de payer l'amende :

« Le bas-tu ? paie l'amende. »

En réalité c'était donc le battant qui payait l'amende en expiation des coups qu'il avait portés.

Cette étymologie est certainement la plus amusante, mais elle n'est pas la plus authentique. A l'époque des épreuves du feu et de l'eau, lorsque le serment judiciaire était déféré à une partie, celle-ci choisissait parmi les siens un champion qui, armé du bouclier, se battait avec un bâton contre le champion désigné par la partie adverse. Le vaincu était déclaré convaincu de parjure par sa défaite même, et il était condamné à avoir le poing coupé. Tous ceux qui étaient du côté du vaincu encouraient la même chance ; mais il leur était loisible de s'en exempter et de conserver leur main en payant une amende, ce qui était, on le conçoit aisément, beaucoup plus de leur goût. De là donc le proverbe, « Les battus paient l'amende, » si souvent et si justement appliqué aux gens qui, n'ayant aucun tort à se reprocher, étant les victimes d'autres personnes, sont souvent, malgré cela, obligés de faire à celles-ci des soumissions.

PORTER TOUT SON SAINT-CRÉPIN.

Pour connaître l'étymologie de ce mot, assez

vulgaire du reste, il faut savoir que la coutume
des compagnons cordonniers, au temps où existaient des corporations d'état, était, lorsqu'ils
allaient d'une ville à l'autre, pour battre, comme
on dit, la semelle, ou pour voir le pays, d'emporter
chacun avec soi, dans un sac ou dans une boîte,
leur marteau, leurs pinces, alènes, tire-pied,
tranchets et carlets, enfin tout leur petit équipage,
qu'ils appelaient leur Saint-Crépin. De là vient
qu'on dit parmi le vulgaire, « Porter sur soi tout
son Saint-Crépin, » pour faire entendre qu'on
porte sur soi tout son bagage, tout ce qu'on possède, et qui est notre bien ou notre gagne-pain.
On dit qu'il faut au sage peu de chose pour vivre
heureux, et je le crois. Le plus heureux d'entre
nous est assurément celui qui embarrasse le moins
sa course dans l'exil de cette vie ; il est plus léger
et plus près du ciel. Savoir simplifier le plus possible ses besoins et ses goûts est une science des
plus utiles en ce monde. La fortune, presque
toujours avare ou prodigue, nous donne le superflu
un jour, et nous retire presque le nécessaire le
lendemain. Si nous savions vivre de peu, ses
caprices nous seraient moins funestes, et nous
trouveraient plus fermes et plus résignés. Un philosophe de l'antiquité, le philosophe Bias, voyant
la ruine de sa ville, s'enfuit sans se charger de
beaucoup de bagage, ne prenant que ce qu'il ne
pouvait quitter; et à ceux qui s'en étonnaient, il
répondait : « Je porte tout mon bien avec moi. »

Ce bien était la science; mais l'amour de Dieu est un plus grand bien.

FAIRE UNE CROIX A LA CHEMINÉE.

Quand un événement heureux, inattendu, arrive à quelqu'un, on a coutume de dire qu'il faut faire une croix à la cheminée.

Parle-t-on de la visite d'une personne fort rare, on dit : « Nous ferons une croix à la cheminée quand elle viendra. »

Ce dicton vient peut-être de l'habitude qu'avaient les Romains de faire à l'âtre du foyer une marque blanche pour les jours fastes ou les événements heureux, et une marque noire pour les jours néfastes ou les événements malheureux.

Comme cette marque blanche se faisait avec de la *craie*, et que par suite de la conquête romaine les Gaulois devinrent à moitié Romains, il se peut très bien que cette origine soit très authentique, et que nos aïeux, qui écrivaient *croye* pour *craie*, aient exprimé ce proverbe de cette manière :

Il faut mettre la croye à la cheminée.

Au reste, cette marque blanche consistait en une croix.

IL FAUT LA CROIX ET LA BANNIÈRE.

On emploie généralement cette locution à l'égard des personnes susceptibles et cérémonieuses, pour indiquer combien on a de difficulté à en obtenir quelque chose.

Cette manière de dire nous vient de ce que, lorsque un prélat vient à une église, le curé et tout le clergé de la paroisse ont coutume de se rendre au-devant de lui avec la croix et la bannière, comme on dit, en procession et en cérémonie.

Quand le seigneur du lieu se rendait le dimanche à la grand'messe paroissiale, le curé et son clergé allaient de même le chercher, pour le conduire au banc seigneurial, avec la croix et la bannière.

Enfin, au Puy-de-Velay, où se trouvait un chapitre important, quand un chanoine était en retard, on l'allait chercher avec la croix et en procession.

TANT VA LA CRUCHE A L'EAU QU'ELLE CASSE.

On peut juger de l'ancienneté de ce proverbe, parce qu'il se trouve cité aussi dans un fabliau ou historiette d'un auteur du XIII° siècle :

Tant va un pot à l'iaue qu'il rompt.

Cette sentence populaire est du nombre de celles

auxquelles on ne connaît point d'origine. Elle est née, comme tous les proverbes, de l'expérience et de l'observation des peuples, et son sens est assurément des plus clairs. Ne pas user indiscrètement des ressources que Dieu a mises entre nos mains, ménager un bien précieux, ne pas s'exposer au péril, éviter de retomber dans quelque faute, ne pas abuser de la longanimité de Dieu ni de la tendresse patiente d'un père et d'une mère : telle en est la traduction. C'est un des proverbes les plus utiles.

DAME QUI MOULT SE MIRE PEU FILE.

Fille aimant silence a grant science.

Il y a un autre proverbe qui dit :

Perdre une bonne femme, c'est perdre un vrai trésor.

En effet, une bonne et active maîtresse de maison est vraiment un trésor. Par elle, l'ordre, la propreté, la paix, l'économie règnent et affluent au foyer. Son époux, ses enfants, ses domestiques ne peuvent rien sans elle. Elle est comme l'âme de ce grand corps qu'on appelle la famille. Elle ne fait pas un pas inutile, comme dit le poète allemand (1); elle règle le matin la tâche de chacun, distribue ce qui est nécessaire pour la journée, et

(1) Goëthe.

ne dédaigne pas les humbles travaux. Mais aussi quelle joie, quelle abondance sous ce toit domestique ! Comme toute chose y est soumise au devoir, à la règle! Le regard de cette femme est celui d'une reine ; il ordonne, il blâme, il loue. Son époux lui-même n'échappe pas à son influence ; il la consulte dans les affaires importantes, et à l'heure du loisir, il lui demande la récompense d'une journée de travail et de soucis.

Aucun de ces biens n'entre dans la maison de la femme coquette. Le miroir, les soins de la parure, les visites inutiles, les promenades prennent tout son temps. La porte de cette maison est fermée au travail, à la paix, à l'abondance. Le désordre, la paresse, la négligence s'y révèlent jusque dans les moindres détails. L'époux, que rien n'y attire, que rien n'y retient, va chercher ailleurs le plaisir. Les enfants languissent, les domestiques désertent la maison et livrent au dehors tous ses secrets. Enfin la ruine, toujours à la porte, n'attend que l'instant favorable pour envahir cette triste demeure, qui a tout l'aspect d'une place démantelée, ouverte de toute part à l'ennemi.

Saint Paul dit que le silence est le plus bel ornement des femmes. Si le silence va si bien aux femmes dont le mérite est tout intérieur, que sera-ce pour les filles dont les plus beaux titres, les attributs inséparables sont la modestie et la simplicité ? Les vertus et les beaux sentiments de

l'âme veulent pour sceau le silence ; le silence a
cette douce majesté qui convient aux femmes et
en particulier aux jeunes filles chrétiennes. Il
témoigne de ce recueillement, de cette sagesse, de
cette solidité qui donnent à la femme toute sa
dignité, qui la font aimer et vénérer tout à la fois.
C'est une grande science que de savoir se taire, et
si grande, que bien des hommes même n'en sont
pas capables. Quelle vertu n'est-ce donc pas dans
une jeune fille !

DÉFIANCE EST MÈRE DE SURETÉ.

L'Ecriture a dit :

Celui qui aime le péril y périra.

Et c'est peut-être· dans une pensée correspon-
dante à celle-là que la sagesse des peuples a ajouté
au proverbe divin celui-ci : « Défiance est mère
de sûreté. »

Le courage humain, plus téméraire que solide,
ne goûte point cette sentence, et cependant elle
est bien conforme à l'esprit chrétien. « Celui qui
vaincra, dit le Seigneur, je lui donnerai à manger
du fruit de l'arbre de vie. » Mais un des moyens
de vaincre sûrement est de fuir le mal, et Dieu
ne nous défend pas de prévenir le danger par une
prompte fuite, ainsi que nous l'ont prouvé tant de

saints illustres qui, pour se mettre à l'abri des
séductions du monde, ont fini leur vie dans la
retraite.

Il en est de même dans les périls que peuvent
courir notre personne, notre vie, notre santé.
Prévoyez-vous un danger prochain? essayez d'y
échapper au plus tôt.

C'EST L'HISTOIRE DE LA DENT D'OR.

En 1573, le bruit se répandit qu'un enfant né
en Silésie avait une dent molaire en or, laquelle
avait poussé tout naturellement dans sa gencive.

Cette nouvelle, qu'on eût prise un siècle plus
tard pour un conte à dormir debout, revêtue
d'un certain caractère d'authenticité, fit le tour
du monde civilisé; toute la France en parla, et
l'Allemagne s'en émut. Plusieurs savants de cette
contrée eurent la bonhomie de courir au plus vite
sur les lieux, pour examiner un phénomène de
cette sorte et en faire l'objet de leurs recherches.
Jacques Horstius, professeur à l'université de
Helmstadt, ne fut pas des derniers à s'y rendre,
et en 1595, il publia une dissertation dont l'objet
était de prouver que la dent d'or était à la fois
naturelle et merveilleuse, et qu'elle présageait
l'abaissement du Grand Turc Mahomet II, qui
était alors l'effroi de la civilisation.

De nos jours, la moindre nourrice aurait bien ri du docte professeur, et sa dissertation n'eût servi qu'à amuser les enfants confiés à sa tutelle.

Une grande quantité de savants allemands s'occupèrent aussi de cette merveille, et donnèrent chacun leur avis sur la formation de cette dent métallique venue tout à coup. Leurs doctes dissertations n'éclaircirent pas la chose. Ce fut un brave et digne orfèvre qui eut l'esprit de détacher une enveloppe d'or qui tenait la fameuse dent et qui avait été mise avec une parfaite adresse.

Grande fut la déception générale, comme on peut croire. Depuis ce temps, on dit de toute chose qui a été crue vraie pendant quelque temps et démentie après : *C'est l'histoire de la dent d'or*.

ALLER AU DIABLE VERT.

(Aller au diable de Vauvert.)

Le diable de Vauvert habitait le château de Vauvert ou Val vert (*vallis viridis*), qui a disparu de nos jours pour faire place à l'allée qui conduit du Luxembourg à l'Observatoire.

Philippe-Auguste, excommunié par le Souverain-Pontife pour avoir, sans motif réel, répudié la princesse Ingelburge, sa femme légitime, en faveur d'Agnès de Méranie, se retira au château de Vauvert. Sans doute les alarmes de sa conscience et les terreurs populaires qui venaient jusqu'à lui peuplèrent cette habitation royale d'esprits de ténèbres. On prétendait que le diable y était entré et s'y était établi; car le peuple de ce temps, bien que partagé entre la souveraine autorité de l'Eglise et un roi tendrement aimé, tout en n'osant maudire ce cher coupable, ne subissait qu'en gémissant la réprobation sainte qui du trône retombait sur lui. L'excommunication, c'était bien réellement le deuil pour notre belle France catholique. La juste colère de l'Eglise couvrait de ténèbres ses splendeurs. La conscience publique grondait sourdement et accusait tout bas l'auteur de tous ces maux.

On crut entendre depuis ce temps tous les bruits de l'enfer dans cette demeure royale. Il s'y faisait, disait-on, un épouvantable tapage, et cette tradition, qu'elle fut fondée ou non, avait cours encore parmi le peuple au XVIIe siècle. Si bien que le diable de Vauvert était la plus parfaite expression de Satan, ainsi qu'on lit dans d'Assoucy :

> Bref, tant en esté qu'en hyver,
> On fait le diable de Vauvert.

Il faut croire aussi que le vent, s'engouffrant dans les nombreuses carrières qui existaient près de ce vieil édifice, n'était peut-être pas pour rien dans ces bruits étranges qui faisaient la terreur de Paris et des environs.

Toujours est-il qu'on se débarrassa du château de Vauvert en 1257 ou 1258. Saint Louis le donna aux Chartreux à cette époque ; mais la tradition dit que les bruits n'en continuèrent pas moins.

Maintenant, ni le diable ni le château ne sont plus là. On a démoli le manoir royal. La locution à laquelle il donnait lieu n'a pas disparu tout à fait ; mais elle est du moins bien altérée. On ne dit guère plus, *Envoyer quelqu'un au diable de Vauvert*, mais *au diable vert*. Or, comme Vauvert était très éloigné du vieux Paris, on se sert de cette expression pour indiquer la plus grande distance possible. Envoyer quelqu'un au diable vert, c'est l'envoyer promener bien loin.

MON PETIT DOIGT ME L'A DIT.

Les mères et les gouvernantes connaissent bien cette locution familière, l'une des plus utiles que l'on possède à l'usage de l'enfance.

Le P. Labbe dit que c'est à tort qu'on veut l'expliquer par « Mon petit *dé* (*dé* pour *deæ*) ou *dieu* me l'a dit, » faisant allusion au génie de Socrate, à la nymphe Egérie de Numa, et autres démons familiers. Il est plus probable que cette phrase est venue de l'usage de porter à l'oreille *le petit doigt*, nommé auriculaire pour cette raison. Un père, en y portant le sien, aura feint qu'il lui révélait quelque chose, et ce trait aura passé en coutume.

QUI TOT DONNÉ, DONNE DOUBLE.

Quelques personnes d'une piété peu éclairée ou d'humeur un peu brusque croient avoir tout fait quand elles ont assisté de leurs deniers leur prochain malade ou nécessiteux. Elles oublient que tout n'est pas dans le don, mais dans sa valeur relative, dans l'à-propos qu'on y apporte, enfin dans ce que le cœur et l'esprit y ajoutent de grâce et de prix. Savoir donner à temps une chose nécessaire, savoir deviner tel besoin urgent, et surtout mettre à tout cela cette douce affabilité qui élève au niveau de celui qui donne celui qui reçoit : tel est le caractère de la vraie charité chrétienne. Et certes celui qui sait donner de cette sorte, celui-là donne doublement.

QUI DORT DINE.

Qui ne connaît la puissance réparatrice du sommeil? Les malades trop faibles pour supporter la nourriture, les enfants dès leur naissance, les

vieillards débiles et souffreteux, les pauvres à
qui le pain manque quelquefois, connaissent tous
l'efficacité du sommeil. Néanmoins dormir trop
longtemps fait peut-être autant de mal qu'une
mesure raisonnable de repos fait de bien. Le proverbe dit ailleurs :

Le mieux est quelquefois l'ennemi du bien.

DANS LE DOUTE ABSTIENS-TOI.

Et la sentence des anciens se termine ainsi :
« C'est la maxime du sage. »

Les sages de la Grèce comptaient en effet au
nombre des maximes qui faisaient tout leur bagage philosophique cette prudente sentence. C'est
d'après eux que nous la répétons. Bien qu'elle
soit d'origine païenne, elle mérite néanmoins que
nous en fassions l'application aux pratiques de la
vie. Elle est sage et utile, et n'a rien que de
conforme à l'esprit chrétien.

METTRE DE L'EAU DANS SON VIN.

« Mettre de l'eau dans son vin, » est une expression figurée qui signifie rabattre de ses prétentions. « Être obligé de mettre de l'eau dans
son vin, » c'est être obligé d'abaisser son amour-
propre devant quelque obstacle ou quelque vanité

hostile. Il n'est aucun rang, aucun état de la vie, où l'on soit à l'abri d'un cas si fréquent. Partout, dans tous les rangs, on a au-dessus de soi quelque puissance supérieure, et autour de soi des influences rivales. C'est une des conditions de l'ordre social établi, et on n'a d'autre chose à faire que de s'y soumettre de bonne grâce.

Voici maintenant l'origine de cette locution.

Les anciens, voulant exprimer quel feu l'abus du vin met dans le corps, ont, dans une fable, représenté Bacchus frappé de la foudre et précipité tout embrasé dans le bain qui éteignait les ardeurs dont il se sentait consumé. C'était bien involontairement, comme on le voit, que le dieu de la treille se trouvait ainsi exposé à mélanger de l'eau avec son vin.

Le premier qui, pour éviter les effets trop funestes du vin sur l'organisme humain, a pris la sage détermination de mettre de l'eau dans son vin, serait, au rapport de Pline, Straphilas Tyrrhénien le fils, dont la mémoire doit être en exécration à tous les ivrognes, mais qui, très heureusement, n'a pas manqué d'imitateurs.

Dans les collèges et les pensions, autant par système hygiénique que par économie, on donne aux élèves un mélange d'eau et de vin, qu'on appelle *abondance*, sans doute parce que l'eau y domine et permet qu'on s'en verse abondamment.

FAIRE L'ÉCOLE BUISSONNIÈRE.

Les maîtres d'école payaient autrefois un droit aux chantres de l'église Notre-Dame. Pour se soustraire à cette sorte de patente, quelques-uns allaient tenir leurs classes en plein air, hors de la ville. On ne dit pas comment ils faisaient par le mauvais temps, et conséquemment en hiver. De là, croit-on, serait venue cette expression : « Faire l'école buissonnière. »

Une autre explication que voici nous paraît plus authentique. Les luthériens et les calvinistes avaient des écoles clandestines qu'ils tenaient dans les halliers et les bois. Ces deux explications se fondent également sur un édit du parlement, qui défend tout enseignement que n'aurait pas autorisé le chantre de Paris, et particulièrement les écoles buissonnières. Cependant cette expression doit être encore plus ancienne. Un passage d'un poème du troubadour Izarn, missionnaire dominicain pour la conversion des Albigeois, prouve qu'elle était employée au commencement du XIIIᵉ siècle.

L'origine historique assurément doit être celle-là. Mais on peut croire aussi que cette expression est venue de la fainéantise bien connue des écoliers qui, par les belles matinées de printemps, jugent à propos do passer le temps dû à l'école à battre les buissons et à dénicher les oisillons.

GAGNER SES ÉPERONS.

Ce mot a une origine tout historique et appartient à l'époque de la chevalerie, siècles de foi, de simplicité, d'héroïsme, où, à côté des plus humbles vertus, ont brillé presque toujours le plus beau courage et le plus splendide mérite. Les éperons, comme on sait, étaient, avec l'accolade, un des symboles de la dignité dont le nouveau chevalier était revêtu et des devoirs qu'il contractait. « Gagner ses éperons, » c'était racheter une trop grande jeunesse et l'inexpérience par quelque haut fait, quelque éclat de courage qui missent en relief les vertus qu'exigeait une si noble profession.

On prétend que le proverbe nous vient d'Edouard III, roi d'Angleterre, dans les plaines de Crécy, ce vaste champ de défaite, où la France en deuil ne conserva pour toute espérance que son roi miraculeusement sauvé. Les Français, animés par le courage et le désespoir, disputèrent longtemps la victoire aux Anglais. Le prince de Galles, à l'armure noire, combattait avec acharnement, et la témérité de son jeune courage soutenait seul le choc imprévu que, dans un dernier effort, notre armée avait donné aux troupes ennemies. Désespérés, les généraux Anglais envoient en toute hâte demander du secours au roi.

Alors celui-ci s'enquit de son fils. Et comme on lui dit qu'il exposait à chaque instant sa vie et que le jeune prince ne serait sauvé que par un peu d'aide, « Laissez-le, répondit Edouard, il faut qu'il gagne ses éperons. »

Il les gagna; car Edouard dut à sa valeur nos revers. Et le soir de cette journée, l'héroïque Philippe VI, qui n'avait pu mourir avant d'être vaincu, errant et sans armes, demandait l'hospitalité à un châtelain : « Ouvrez, disait-il, c'est la fortune de la France. »

A BON JOUR BONNES ÉTRENNES.

Au gui l'an neuf.

Le sens de cette locution proverbiale s'explique de lui-même quand on connaît l'origine des étrennes, et nous l'allons rapporter.

Du temps où Romulus et Tatius régnaient simultanément sur la ville aux sept collines, la superbe Rome, qui venait d'être fondée, Tatius reçut en présent, le premier jour de l'année, des branches coupées dans un bois consacré à Strenua, déesse

de la force. Tatius considéra ce présent comme
de bon augure, et pour en perpétuer le souvenir,
il établit la coutume de se donner des cadeaux
à l'époque du nouvel an. Ces cadeaux prirent le
nom de *strenæ*. Dans le principe, les étrennes se
composaient de verveine, de branches sacrées,
de miel, de dattes, de figues, et d'une pièce de
monnaie à l'effigie de Janus. Les rois, les empe-
reurs recevaient les étrennes du peuple romain ;
ils en consacraient le produit à se faire ériger des
statues aux carrefours de la ville éternelle. Sous
Néron, on donnait des perles pour étrennes.

On croit que cet usage de célébrer la nouvelle
année était encore antérieur chez les Gaulois.
Seulement, elle arrivait chez eux en décembre,
et cette coutume se célébrait par le don du *gui*,
qui passait pour guérir toutes les maladies. Les
druides cueillaient, vers cette époque, le gui
sur les chênes ; leur grand-prêtre le bénissait, le
partageait entre tous les collèges de druides, et
les bardes, aux approches du jour de l'an, allaient
inviter le peuple à venir à la distribution du gui
que lui faisaient les druides. Alors le peuple, dans
l'allégresse, criait : *Au gui l'an neuf!* exclamation
de laquelle on fit ensuite par corruption *l'anguil-
lan neuf*. A ce cri, qui a longtemps survécu aux
druides et aux druidisme, les Picards ajoutaient
planté! planté! pour signifier l'abondance de biens
que l'on souhaitait alors.

Cet usage passa dans la nation française. Plus

tard, on ne donna plus le gui, mais des pièces d'or
et d'argent pour étrennes, et des bijoux. Les premiers rois de France recevaient *des estraines*.

Au Japon, on échange aussi des étrennes au
renouvellement de l'année.

Du reste, bien que cet usage varie dans ses
manifestations selon les peuples, il existe chez la
plupart et de temps immémorial.

On sait, chez nous, ce que sont les étrennes :
une époque désirée par les uns, redoutée par
les autres. Cette coutume est trop enracinée en
France pour disparaître de nos mœurs. Cependant
on se plaint assez généralement de ce qu'elle
s'affaiblit.

C'EST LE ROI DE LA FÈVE.

Toutes les familles connaissent ce proverbe des
joyeuses veillées de l'Epiphanie. La cérémonie du
roi de la fève nous vient des Romains, dont les
enfants, pendant les Saturnales, tiraient au sort
à qui serait roi du festin ; et l'emploi de la fève
même remonte aux Grecs, qui se servaient de
fèves pour élire leurs magistrats. Nous célébrons,
en l'honneur du doux souvenir de l'Epiphanie et
de la triple adoration des rois-mages, la fête des
Rois ; et les rois d'un soir, que nous proclamons
dans le paisible cercle du *foyer*, ces rois du hasard,

doivent aussi à la fève leur facile élection. Cette fête, que nous plaçons au commencement de janvier, les anciens la célébraient vers la fin de décembre, au solstice d'hiver. L'élection de ce roi de circonstance se faisait aussi à table chez les Romains. C'était un esclave ou un criminel qu'on choisissait pour porter cette courte royauté. On le traitait, durant toute la soirée, avec tous les égards et le respect dus en apparence à sa dignité fictive; mais, suivant le mot cruel de Néron, *la farce* se terminait bientôt et d'une manière bien digne des fantaisies sanguinaires du peuple-roi : le monarque éphémère était pendu pour achever la fête.

Les aimables et touchants mystères du christianisme sont bien loin de ces caprices cruels d'un peuple qui prétendait donner des lois au monde. L'esprit chrétien sanctifie et épure ce qui reste encore de l'esprit païen dans l'anniversaire du roi de la fève. C'est une fête toute catholique, une solennité toute de famille.

QUI TE FLATTE VEUT TE TROMPER.

Saint Jérôme, qui connaissait admirablement le cœur humain, a dit, dans une de ses épîtres :

Un flatteur est un agréable ennemi.

Le proverbe basque dit que

Le flatteur est proche parent du traître.

Tacite dit, mais moins bien que saint Jérôme :

Les flatteurs sont la pire espèce d'ennemi.

Qui aime chrétiennement et fidèlement dit à son ami la vérité, fût-elle même rude et désobligeante. La vérité est toujours dans la bouche du juste ; il n'en sort rien que de sincère et d'utile.

LA FOI DU CHARBONNIER.

La légende raconte qu'un honnête charbonnier, fort peu instruit en théologie, mais animé de cette foi humble et paisible qui ne connaît ni le trouble, ni l'inquiète recherche de soi-même, ni la vaine curiosité, fut un jour tenté par le diable, qui, pour l'éprouver, s'enquit de ce qu'il croyait. « Mais — c'est la légende qui raconte ceci — le diable fut bien désappointé de trouver ce brave homme aussi ferme dans sa croyance qu'aucun martyr le fut jamais, et d'autant plus solide en la foi qu'il n'avait à faire parade d'aucune des vanités de la science. « Je crois, répondit-il, ce que croit la sainte Église catholique et romaine. — Et que croit, poursuivit le diable, la sainte Église catholique ? — Elle croit ce que je crois, » répondit le brave homme. Ce à quoi le diable, déconcerté, ne trouva plus rien à répliquer. »

Le moyen âge a beaucoup de ces légendes; il abonde en anecdotes de cette sorte. Mais toutes légendes qu'elles sont, elles n'en offrent pas moins de bonnes leçons et un sens moral ou religieux fort utile. Ceux qui méprisent l'humble et aveugle foi du charbonnier, en sont bien punis par les troubles qu'ils ressentent au dedans d'eux-mêmes, et justement par la privation de cette douce paix, que tous les efforts de la raison, que toutes les satisfactions de l'orgueil et de la science n'ont jamais laissée après elles. Notre-Seigneur fit hautement l'éloge de cette céleste et sublime simplicité, lorsque, prenant un petit enfant et le plaçant au milieu de ses disciples, il leur dit : « Celui qui veut être le plus grand dans le royaume des cieux, qu'il devienne semblable à ce petit enfant. »

A FORCE DE FORGER, ON DEVIENT FORGERON.

Les leçons d'un maître sont assurément d'un grand secours; mais on conviendra que le maître des maîtres est le travail. Ce n'est qu'en s'exerçant à un état qu'on arrive à l'habileté, et les maîtres

9

eux-mêmes, savants, artistes, artisans, n'ont pas
eu d'autre apprentissage.

PLUS ON SE DÉCOUVRE, PLUS ON A FROID.

Voici l'un de nos proverbes les plus sages et les
plus utiles ; il répond à peu près à cette locution
bien connue :

Il faut laver son linge sale en famille.

A bon entendeur, salut, comme dit ailleurs le
proverbe. C'est à ceux qui ont quelque chagrin de
famille, qui ont à se plaindre de l'un de leurs
proches, que s'adressent surtout ces deux
maximes. Vous qui avez de ces douleurs tout
intimes, n'en révélez pas le mystère à des oreilles
indiscrètes qui en seront importunées, ou qui en
prendront le sujet de ces petits scandales de salon
qui courent le monde et qui sont la pâture des
méchants et des niais. Le monde est un perfide
confident ; vos plaintes n'auraient pour écho que
ses rires sardoniques, que ses railleries persif-
flantes. L'honneur de la famille est mal gardé
quand le secret de ses joies et de ses douleurs
intimes s'évente au dehors. N'oubliez pas que la
maison est un sanctuaire, et que, comme dans
les temples d'Israël, il n'en faut point soulever
le rideau.

IL N'Y A POINT DE FUMÉE SANS FEU.

Voici un proverbe qui sert bien souvent la médisance. Celui qui veut accréditer quelque calomnie fondée sur un bruit de salon, ou sur quelque signe incertain que ce soit, ne manque pas de se reposer sur le proverbe, et d'en appuyer les soupçons qu'il jette adroitement dans l'esprit de ceux qui l'écoutent.

Les Italiens disent : *Il fuoco et la tosse presto se conosce :*

Le feu et la toux se découvrent tout de suite.

MENTEUR COMME UNE GAZETTE.

Je crois bien que de tous les milliers de journaux qui se sont publiés en France, depuis le premier numéro du *Journal des Savants*, fondé en 1665 par un conseiller du parlement, pas un encore n'a fait mentir ce respectable écho de l'opinion publique sur la créance que méritent nos chroniqueurs et nos feuilletonistes. A qui la faute? Il y a des gens qui prétendent qu'elle est au lecteur, ou plutôt à l'abonné. « Il faut des nouvelles, disait, il y a quelques années, lors de la grande vogue du *faits divers*, un de nos plus spirituels journalistes; quand il n'y en a pas, il en faut faire. »

On est pas bien fixé sur l'étymologie du mot

gazette. Quelques-uns croient qu'il vient du latin *gaza* dont on fait *gazetta*, ce qui signifie petit trésor. Mais ce n'est pas là l'avis de tout le monde. On a aussi expliqué l'origine de ce mot par le sens qu'il semble comporter : *gazette*, feuille légère comme la gaze. Enfin, il y a une troisième étymologie dont nous ne parlerons pas, parce que son authenticité ne nous paraît pas suffisamment établie.

Quel est le peuple auquel on attribue l'invention des journaux? On n'en sait rien. Quant à nous, nous sommes presque assuré que la gazette est née française. Cette invention-là porte le cachet de notre nation. Aucun peuple n'a dû penser avant nous à bavarder ainsi tout haut, à afficher ainsi au grand jour ses causeries familières, les bruits intimes qui courent du palais au salon, du salon au carrefour. Sainte-Foix attribue l'origine des papiers-nouvelles (*new's papers,* comme on dit en anglais) à un médecin nommé Renaudot, qui recueillait partout des nouvelles vraies ou controuvées pour charmer les soucis de ses malades, et qui eut l'esprit ensuite de tirer de ses cancans un parti plus avantageux en s'en occupant plus sérieusement. Les Anglais, qui ne sont jamais les derniers à réclamer leur part de tout honneur, veulent absolument avoir inventé les gazettes. Personne n'a daigné encore le leur contester.

LAISSEZ FAIRE A GEORGES, IL EST HOMME D'AGE.

Les hommes illustres ont laissé dans l'esprit des masses de longs souvenirs, et l'on pourrait dire que même sans l'histoire leur nom vivrait peut-être encore dans la tradition populaire. Cette tradition se retrouve encore dans le langage, ainsi qu'on le voit par ce proverbe.

Le cardinal Georges d'Amboise était le grand agent des affaires publiques en France sous François Ier, qui, se reposant sur son mérite et sa profonde sagesse, en avait fait son ministre d'État. Il n'eut jamais qu'à se louer de sa confiance, et Georges d'Amboise fut, avec l'abbé Suger et Sully, du petit nombre de ces ministres intègres et adroits dont l'habileté ne le cédait pas à la droiture. Aussi le roi, et le peuple après lui, avaient-ils coutume de dire au sujet du cardinal, dans les occasions où sa prudence et sa sagacité se trouvaient en jeu : « Laissez faire à Georges, il est homme d'âge. » Ce qui ne se rapportait point à son âge, mais uniquement à sa sagesse, à son expérience et à ses vertus.

C'EST UN MAITRE GONIN.

On ne dit plus beaucoup cette phrase ; on l'employait autrefois pour signifier un homme fin, rusé, fourbe. Régnier l'a employé dans une satire.

Du temps de François Ier, florissait à la ville et à la cour un fameux magicien, ou soi-disant tel, appelé maître Gonin. Il divertissait la cour très souvent des tours merveilleux de son art. Ce fut toute une généalogie que celle de la famille Gonin.

Le petit-fils de maître Gonin, moins habile, disent les historiens du temps, vivait sous Charles IX et avait aussi une grande célébrité. Cependant, si ce qu'en dit un autre auteur est vrai, son adresse ne le cédait en rien à celle de son aïeul; car il paraîtrait qu'ayant été condamné à la corde, en 1570, par le parlement, il usa si bien de son art magique, que le bourreau, qui croyait le pendre, pendit à sa place la mule du premier président.

Enfin, sous Louis XIII, il y eut un troisième *maître Gonin*, qui bornait tout son art à jouer habilement du gobelet sur le Pont-Neuf. On comprend que la dextérité de ces personnages ait dû passer en proverbe, et qu'on ait dit longtemps en France : « C'est un *maître Gonin*, « pour marquer un homme habile dans l'art d'éblouir et de tromper les braves gens.

FAIRE LE PIED DE GRUE.

Un autre locution presque équivalente dit :

Croquer le marmot,

pour signifier attendre sur ses jambes ou en plein air.

Lorsque les grues s'arrêtent quelque part, dit Pline le Naturaliste, quelques-unes font le guet pendant la nuit, posées sur un pied, et tenant de l'autre un petit caillou, dont la chute, quand elles s'endorment, révèle leur négligence ou interrompt leur sommeil. Les autres se tiennent tantôt sur un pied, tantôt sur l'autre. De là cette expression, assez mal employée du reste par le vulgaire, et peu élégante.

L'HABIT NE FAIT PAS LE MOINE.

J'ai souvent trouvé ce proverbe dans les lettres austères et remarquablement belles de l'illustre saint Jérôme. Il l'emploie en écrivant à des moines et aux ascètes. En leur recommandant les vertus de leur état et la stricte observation de la discipline ecclésiastique, il dit : « Ce n'est pas à l'habit qu'on reconnaît le moine, mais à l'observation de la règle et à la perfection de sa vie. »

Ce proverbe est très ancien parmi nous. Tout le moyen âge l'a répété et nous l'a transmis. Il vient, dit-on, des *Décrétales* de Grégoire IX, qui régnait sur le monde chrétien en 1225. Elles le contiennent littéralement.

IL A EMPLOYÉ TOUTES LES HERBES DE LA SAINT-JEAN.

On emploie moins qu'autrefois cette expression. Cependant elle est encore en usage dans les campagnes et dans quelques provinces. On s'en sert en parlant d'une personne qui a usé de tous les remèdes possibles, qui a mis tout en œuvre pour guérir quelque maladie opiniâtre ou pour réussir dans une entreprise. Cette locution vient d'une croyance populaire qui attribuait des vertus merveilleuses à certaines plantes cueillies le jour de la Saint-Jean, dans l'intervalle qui s'écoule entre les premières lueurs de l'aurore et le lever du soleil. On attribuait à ces plantes non seulement la vertu de guérir, mais encore celle de préserver les personnes qui s'en munissaient du tonnerre, des incendies et de tout maléfice.

La foi éclairée n'attribue pas aux choses cette vertu, mais elle l'attribue avec justice aux communications de Dieu dans la prière, et à l'intercession des saints, nos patrons dans le ciel.

MANGER SON BLÉ EN HERBE.

On dit aussi :

Manger ses blés verts,

pour signifier manger d'avance son revenu, ou

employer bien avant qu'ils soient venus les biens et les ressources que nous réserve l'avenir. Les Italiens disent :

Manger le verjus au mois de juin.

Ce qui est une formule peut être encore plus expressive que la nôtre.

CHERCHER MIDI A QUATORZE HEURES.

C'est l'expression populaire favorite ; mais la plupart des personnes qui l'emploient ne s'en rendent pas compte, bien que son sens ne soit pas fort obscur.

On dit cette phrase pour signifier chercher des difficultés où il n'y en a point, amplifier inutilement ce qu'on pourrait dire d'une manière plus concise, expliquer d'une façon détournée une chose fort claire. On a fondé cette locution sur la division du cadran en vingt-quatre heures, dont la première, commençant toujours une demi-heure après le coucher du soleil, qui varie progressivement, fait changer celle qui doit marquer le milieu du jour, en raison de la durée que comprend cette variation, de sorte que midi peut se trouver tour à tour de dix-neuf à quinze, mais jamais à quatorze heures. Une telle manière de mesurer le temps, encore usitée en Italie, le fut autrefois en France. On trouve encore quelques petites montres du XVe siècle où sont marquées les vingt-quatre heures.

LES HIRONDELLES DU CARÊME.

Les Sœurs de Sainte-Claire étaient autrefois appelées *les hirondelles du carême*. Ces religieuses, qui faisaient vœu de pauvreté, et qui voyagaient tous les ans pour recueillir les aumônes des fidèles, vêtues de noir comme les hirondelles, quittaient leurs couvents au commencement du carême. Elles apparaissaient avec le printemps, dont l'une d'elles était toujours l'image. Elles voyageaient par couples solitaires, et leur nid était dans les abbayes, les prieurés et les presbytères. On les voyait revenir fidèlement aux lieux qui les avaient accueillies. Leur robe noire, leur guimpe blanche, leur teint pur et la douce gaîté de leurs regards en faisaient comme des oiseaux d'heureux augure. Le souffle de la révolution, qui a détruit tant de choses et d'institutions, a aussi détruit leurs asiles, et ce n'est pas un de nos moindres regrets.

L'HONNEUR EST LE LOYER DE LA VERTU.

Le prix réel de la vertu, sa récompense vraie, éternelle, ce sera l'amour de Dieu et la gloire de son divin royaume. Mais son loyer en ce monde, son salaire temporel est l'honneur, c'est-à-dire l'estime publique qu'elle entraîne après elle. Ce

salaire n'est que passager ; il ne subsistera pas
dans cette patrie céleste, où même l'orgueil du
bien et ce légitime besoin que nous avons de la
considération et de l'estime de nos semblables
seront remplacés par toutes les ineffables délices
de l'amour de Dieu, amour immense, incommen-
surable, où tout ce qui nous paraît le plus grand
en ce monde viendra s'abîmer et nous semblera
comme quelques gouttes d'eau dans le vaste
Océan.

QUI COMPTE SANS SON HOTE, COMPTE DEUX FOIS.

Ce proverbe est traduit littéralement de saint
Cyrille.

On dit que les fréquents démêlés des voyageurs
avec les aubergistes et les hôteliers ont donné
lieu à ce proverbe. Cela pourrait bien être. Qui-
conque entrant dans un hôtel règle son compte
à l'avance, est très sûr d'avoir mal compté. Quoi
qu'il en soit, le sens moral de ce proverbe est
plein de justesse et d'exactitude. *L'hôte* du proverbe, c'est presque toujours l'avenir avec lequel notre imprévoyance ne compte jamais ; l'avenir qui nous arrive en nous amenant si rarement
la réalisation de nos espérances ; l'avenir, chargé
d'obstacles que nous n'avions pas prévus, vide des
dons que nous en espérions. O calculs humains !
combien vous êtes étroits, misérables, incertains !
Et que faut-il penser de votre plus haute sagesse ?

AUX INNOCENTS LES MAINS PLEINES.

Dieu protège les faibles et les petits : il veille sur eux et leur prodigue ses biens. Ce proverbe vient-il de la *fête des Innocents,* ou plutôt de la *fête des enfants,* que les traditions de la Flandre ont soigneusement gardée? Toujours est-il qu'il est fort connu en France. Les grands et les princes, aux fêtes publiques, jetaient aux enfants du peuple des dragées et autres friandises, et leurs gens s'écriaient : « Aux innocents les mains pleines. » Cet usage se pratiquait encore au commencement du siècle, sous la Restauration, et même lors des premières années du règne de la branche cadette de Bourbon. Il est presque tombé maintenant.

UN COUP DE JARNAC.

Cette locution proverbiale est une des plus ordinaires du langage, et son origine est tout historique.

Il y eut, sous le règne de Henri II, un combat singulier entre Guy Chabot, sieur de Jarnac, et François de Vivonne, sieur de la Châtaigneraye. Ce combat à outrance se donna dans la cour de Saint-Germain-en-Laye, qui était comme on sait la résidence favorite des princes de la maison de Valois. Un démenti avait donné lieu à ce duel singulier, vieil usage national, reste des premières mœurs barbares. Le défi s'ensuivit; le roi le per-

mit, espérant que le sort serait favorable à Vivonne, qu'il affectionnait. Mais l'issue du combat
trompa son attente. Jarnac, bien qu'affaibli par
une fièvre lente qui le consumait, renversa son
adversaire d'un coup de revers qu'il lui donna
adroitement sur le jarret, et qu'on a appelé depuis
lors le coup de Jarnac. On sépara les combattants ;
mais le vaincu, humilié de cet échec devant la
cour, refusa tous les soins et mourut à quelque
temps de là. Henri II jura dans son affliction qu'il
ne permettrait plus à l'avenir de tels combats.
C'est depuis ce temps que cette expression est
passée en proverbe pour signifier une ruse, un
retour imprévu de la part de l'ennemi.

SI JEUNESSE SAVAIT... SI VIEILLESSE POUVAIT.

Et le proverbe ajoute : « Jamais le monde ne
périrait, et jamais disette n'y aurait. »

Voici un proverbe bien ambitieux assurément ;
cette *science* et cette *puissance* ne sont pas dans
les vues de la divine Providence. Et en effet, où
seraient les ravissantes illusions, les espérances
de la jeunesse, si elle possédait les secrets de
l'avenir ? où serait cette paix dans laquelle la vieillesse se repose du passé, avec ce pouvoir qu'elle
souhaite de revenir sur ses pas ? Dieu a bien fait
toute chose : c'est notre imprévoyance et l'inconstance de notre cœur qui gâtent tout et qui troublent
si souvent les desseins de la Providence. Les

années n'ôtent rien à l'homme vraiment sage ; elles l'enrichissent d'expérience. Ce qu'il perd en jeunesse, il le gagne en prudence. Livrer son cœur aux enivrements de la prospérité, aux plaisirs, c'est se préparer des regrets amers pour l'avenir. Un proverbe d'Hésiode affecte à la jeunesse l'action, à l'âge mûr les conseils, à la vieillesse les souhaits.

Louis VI, un de nos rois les plus sages, se plaignait souvent à l'abbé Suger du malheur de la condition humaine, qui réunit si rarement le *savoir* et le *pouvoir*. C'est peut-être de là, dit l'historien Velly, que vient ce proverbe. Mais s'il est une chose digne de nos souhaits, c'est assurément d'arriver à la vieillesse sans avoir à regretter le passé. Que désirer de plus doux qu'un doux repos exempt d'amertume après les fatigues et les dangers du voyage ? Et puis, la vieillesse n'est-elle pas la plus belle saison de la vie, puisqu'elle est la plus proche de l'éternité ?

JEUX DE MAINS, JEUX DE VILAINS.

En effet, les jeux de mains ne conviennent qu'à des gens mal élevés. Le proverbe dit encore qu'ils donnent souvent lieu à des querelles. La bonne tenue, la délicatesse des façons, du geste, des mouvements, sont autant de preuves d'une bonne naissance, ou du moins d'une bonne éducation.

LES JOURS SE SUIVENT ET NE SE RESSEMBLENT PAS.

Hésiode disait :

Pendant qu'une journée est une cruelle marâtre, l'autre est une bonne mère.

L'instabilité, le trouble, le changement sont de toutes les conditions, de tous les états de ce monde ; tout, jusqu'à notre propre cœur, est sujet à ces vicissitudes. Il faut accepter dans la douceur et la patience de l'esprit chrétien cet ordre de la Providence, attendre dans l'affliction des jours meilleurs ; il faut, comme dit saint Augustin avec autant d'élégance que de solidité, espérer contre l'espérance même.

IL VAUT MIEUX GLISSER DU PIED QUE DE LA LANGUE.

Voici un proverbe qui nous apprend tout le danger des paroles indiscrètes. Et pourquoi ? Tout ce qu'on peut risquer en tombant est de se casser quelque membre, qu'un habile médecin aura bientôt remis. Mais qui guérira les maux que cause l'indiscrétion de la langue ? Ce proverbe se trouve à peu près dans l'Ecclésiaste. Et, du reste, tous les pères et docteurs de l'Eglise se sont élevés contre ceux qui ne veillent point sur leur langue. Saint Paul recommande de mettre un frein à sa

langue, et il condamne sans indulgence ceux qui
pèchent par la langue. On le comprend aisément,
quand on songe que la bouche parle de l'abondance du cœur, et que la charité ne saurait être
dans le cœur du médisant et du calomniateur.

QUAND ON PARLE DU LOUP, ON EN VOIT LA QUEUE.

Les loups ne se mangent pas.

Hurler avec les loups.

Il ne manque pas de proverbes ni de dictons à
propos des loups. On le comprendra aisément,
quand on se rappellera que les loups ont été longtemps la terreur d'une grande partie de la France.
Un grand nombre de provinces en étaient encore
infestées, il n'y a que quelque cinquante ans. Le
peuple y avait attaché une foule de superstitions;
par exemple : la rencontre d'un loup fuyant était
un heureux présage, tandis que, tout au contraire,
si un lièvre échappait à la poursuite, c'était un
signe de malheur. Certes, voir le loup par der-
rière n'est pas seulement un signe de bonheur,
mais un vrai bonheur, et cela vaut certes mieux
que de se trouver aux prises avec lui. Cette terreur que le loup inspirait à nos bons aïeux, et à
très juste titre, du reste, car ils firent des ravages
effroyables dans les campagnes à diverses époques,
explique assez le proverbe : « En parlant du loup,

on en voit la queue. » On se figure d'ici nos paysans et nos villageoises, filant et devisant sur le seuil paisible au coucher du soleil, surpris tout à coup par la noire apparition de l'ennemi commun, qui montre au loin sa silhouette redoutable ou ses dents longues et blanches aiguisées par la faim.

Il fallait assurément que nos pères en aient su plus que nous sur les mœurs de messieurs les loups, puisqu'ils nous ont appris par tradition que « les loups ne se mangent pas; » ce que nous ne tenons pas à vérifier de nos yeux. Il nous suffit de savoir que le proverbe est fidèle quant au sens, et que les gens de mauvaise foi se soutiennent généralement les uns les autres, par la même raison que « ceux qui se ressemblent s'assemblent. »

« Il faut hurler avec les loups, » est un adage qui peut être utile, mais qui n'est ni fort noble ni fort honnête. Faire des bassesses avec les gens serviles, faire taire sa conscience avec les malhonnêtes gens, parler contre son cœur, contre la vérité et la raison, quand le cas paraît l'exiger, c'est là ce qui s'appelle « hurler avec les loups. » Si la loi chrétienne nous défend même un mensonge pour nous sauver la vie, combien ne condamne-t-elle pas cette coupable hypocrisie!

J'EN METTRAIS MA MAIN AU FEU.

Cette locution renferme la tradition d'un de nos usages nationaux les plus remarquables. Aux premiers temps de la foi, à ces âges de simplicité et d'héroïsme, où les fils de Clovis courbaient sous le joug de la croix leur tête couronnée et altière, où les guerriers les plus vaillants savaient soumettre leur fier courage aux plus humbles pratiques de la pénitence, alors qu'on croyait ardemment à la divine intervention de la Providence, et que fleurissait comme un beau lis notre sainte religion sur les ruines de la barbarie expirante, la justice gouvernementale, encore incertaine et mal établie, n'avait presque de recours que dans les *jugements de Dieu*. Un accusé ne se justifiait alors d'un grave soupçon ou d'un crime imputé que par l'épreuve du fer ardent ou de l'eau bouillante. L'épreuve des *duels judiciaires* n'était pas moins au nombre des jugements de Dieu; mais l'épreuve du feu et de l'eau bouillante l'avait déjà presque remplacée au xiiie siècle. L'histoire rapporte quelques exemples éclatants et bien connus où la Providence montra qu'elle ne fait point défaut à ceux qui l'invoquent; témoin l'histoire de sainte Cunégonde, femme de l'empereur Henri, et celle de sainte Richarde. Néanmoins, cet usage touchait de près à la superstition, et l'Eglise s'éleva contre une coutume qui tenait plus de la barbarie que des doctrines pleines de douceur et de mansuétude du christianisme. Dès le VIᵉ siècle, le glorieux évêque saint Grégoire de Tours, esprit aussi solidement pieux qu'éclairé, s'était élevé contre cette coutume, et le concile de Latran la supprima tout à fait. Mais la trace en demeura parmi la nation; et encore aujourd'hui, malgré l'esprit d'indifférence religieuse qui plane sur nos plus chères croyances, nous entendons chaque jour employer cette vieille locution de notre moyen âge : « J'en mettrais ma main au feu. »

C'EST UNE AUTRE PAIRE DE MANCHES.

A ceux que scandaliserait la vulgarité de cette locution proverbiale, nous répondrons que M. de Buffon, l'auteur de l'*Histoire naturelle*, si grand écrivain que ses pages même les plus modestes nous servent encore de modèle en littérature, et si grand seigneur qu'il n'écrivait, comme on sait, qu'en jabot et manchettes d'Alençon, et l'épée au côté, que M. de Buffon, disons-nous donc, employait ce mot-là tout à l'aise, ni plus ni moins qu'un honnête bourgeois de la rue Saint-Denis ou du quartier de la Halle-aux-Draps, ainsi qu'on peut le voir relaté dans les *Mémoires* de la marquise de Créquy, à propos d'une soirée chez Mᵐᵉ Geoffrin. Mˡˡᵉ de Lespinasse, qui voyait là ce

grand homme pour la première fois, faillit suffo-
quer de surprise et d'effroi en entendant ce mot
trivial sortir de la bouche du grand naturaliste
immédiatement après un long bâillement. Les
proverbes passent, suivant l'occasion, de la bouche
des princes et des savants aux lèvres les plus
épaisses et les plus communes. Un proverbe que
nous n'avons pas cité, dit que

Un héros n'est qu'un homme aux yeux de son valet de chambre,

Et cela est vrai.

Voici maintenant d'où nous vient ce mot.

On portait, sous Charles V, une espèce de tu-
nique serrée par la taille, et qu'on nommait cotte-
hardie. Ce vêtement prenait du cou jusqu'à la
taille, et, pour les personnes de haute naissance,
il avait la queue traînante. Cette robe avait des
manches très étroites, et on y avait adapté, à
cette cause, *une autre paire de manches* à la
bombarde, lesquelles étaient ouvertes et laissaient
voir l'avant-bras, en flottant jusqu'à terre. Ces
secondes manches, comme on l'imagine, coûtaient
beaucoup plus cher que les véritables, et elles
étaient inutiles. C'est à cette mode qu'on doit ce
proverbe.

MANGE POUR VIVRE, ET NE VIS PAS POUR MANGER.

Saint Paul condamne fortement les personnes
qui font un dieu de leur ventre, et les range

parmi les idolâtres tout aussi bien que les avares.
Rien, en effet, n'est plus contraire à la dignité de
l'homme, et surtout à cette dignité noble que doit
porter partout avec lui un chrétien, que cet ignoble
vice de la gourmandise qui l'assimile à l'animal,
et qui est, avec les plaisirs des sens, le plus grand
empêchement à la grâce et au règne de l'Esprit-
Saint dans son cœur.

On dit que Socrate, qui fut, en effet, le modèle
accompli des vertus antiques dont l'orgueil était
le plus réel mobile, inventa ce proverbe. Ce qu'il
y a de certain, c'est que les sages de la Grèce en
avait fait un précepte d'hygiène, et que, par conséquent, la sagesse n'en avait ni tout l'honneur ni
tout le bénéfice. Plutarque dit aussi que rien n'est
meilleur pour la santé que de rester sur son appétit. Un autre proverbe latin dit que

L'intempérance fait périr plus de monde que l'épée.

Regardez les avares : ils ne mangent que juste
ce qu'il faut pour leur subsistance. Ils ont peu
d'embonpoint, à la vérité, et leurs joues ne sont pas
florissantes ; mais il faut bien convenir que ce sont
eux qui vivent le plus longtemps. Ils laissent peu
de bon temps à leurs héritiers.

Sénèque s'écriait : « Vous êtes étonné du
nombre infini des maladies ? Comptez donc les
cuisiniers ! »

SE NOYER DANS LA MARE A GRAPIN.

On emploie cette expression en parlant d'un discoureur qui perd le fil de ses idées et reste court. C'est un mot de M. de Coulanges, cet aimable chansonnier, ami et parent de Mme de Sévigné. Il occupait une charge de conseiller au parlement, quoique son caractère léger et jovial le rendît peu propre aux fonctions de la magistrature. Un jour qu'il rapportait aux enquêtes du palais l'affaire d'une mare d'eau que se disputaient deux paysans dont l'un se nommait Grapin, il s'embrouilla dans le détail des faits, et, interrompant brusquement sa narration, il dit aux juges : « Pardon, Messieurs, je sens que je me noie dans la mare à Grapin, et je suis votre serviteur. » Le lendemain, il vendit sa charge, et ne songea plus qu'à faire de jolies chansons et de charmantes poésies.

ARRIVER COMME MARS EN CARÊME.

Arriver comme marée en carême.

On a dit à tort que la première de ces locutions était vicieuse. On dit tout aussi bien l'une que l'autre , mais chacune a un sens différent.

Le mois de mars, comme on sait, ne manque jamais d'arriver en carême, et c'est de ce fait qu'est dérivée la locution que nous citons, et qu'on applique aux gens exacts et aux choses qui arrivent en leur temps et lieu.

« Arriver comme marée en carême, » est un proverbe assez cousin du précédent ; il exprime l'idée d'une personne ou d'une chose qui arrive à propos. C'est donc à tort que l'on confond ces deux locutions.

CARÊME-PRENANT.

On a coutume de baptiser les trois jours qui précèdent le mercredi des Cendres, et notamment le mardi-gras, *carême-prenant*. On dit d'une personne qui s'habille avec extravagance, qu'*elle a l'air d'un carême-prenant*.

TOUTE MÉDAILLE A SON REVERS.

Ceci est une figure pleine de vérité et qui montre à merveille l'imperfection des choses même les plus parfaites de ce monde. Ce proverbe, car c'en est un, et des plus moraux, nous apprend aussi qu'il n'est point de vrai bonheur ici-bas, que chaque beau jour a son triste lendemain, que chacune de nos joies veut être payée de larmes ; en un mot, qu'il n'est rien de beau, de bon, qui n'offre aussi son revers.

Dans les médailles antiques — et c'est à Rome surtout qu'il était de coutume de consacrer par

des médailles le souvenir d'un grand événement
ou les noms glorieux que le peuple-roi jugeait
dignes de passer à la postérité, — dans ces médailles, donc, on a remarqué que le revers était
toujours négligé, tandis que l'effigie qu'elles portaient était très soignée. On prétend que c'est de
là qu'est venu le proverbe, et on ne lui connaît
pas d'autre origine.

UN MENTEUR N'EST POINT ÉCOUTÉ, MÊME QUAND IL DIT LA VÉRITÉ.

La Fontaine nous a donné sur ce proverbe une de
ses plus charmantes fables. Ce mauvais plaisant,
qui criait toujours au loup, finit enfin par dire vrai
un jour. Il mourut, au moins, en disant la vérité.

Le proverbe est latin, et il appartient à Cicéron.

Un homme habitué à mentir se plaignait de ne
trouver que des incrédules, un jour qu'il venait de
dire la vérité. « Eh ! pourquoi, lui dit quelqu'un,
vous êtes-vous avisé de la dire ? »

S'EN MOQUER COMME DU GRAND-TURC.

S'en moquer comme de Colin-tampon.
— comme de l'an quarante.

Il est question ici du premier sultan des Otto-
mans, et tout le monde sait ce que cette locution

signifie. Mahomet II était, en effet, nommé le Grand Turc, à cause de l'étendue considérable de ses états, et par opposition avec le sultan d'Ionie, dont la souveraineté était beaucoup moins étendue, et qu'on appelait le Petit Turc.

On a dit longtemps en France, « Je m'en moque comme de l'an quarante, » à cause de ce que, pour l'année 1740, mille calamités avaient été annoncées, et même la fin du monde, comme on se souvient qu'il en fut un peu à l'égard de la même année de ce siècle. Mais l'an quarante trompa les appréhensions de tout le monde ; et comme il est dans la nature du caractère français de se moquer du péril avant et après le moment de sa venue, on s'égaya fort sur l'an quarante avant qu'il vînt, mais surtout après qu'il fut venu. Ce qui a donné lieu au dicton : « S'en moquer comme de l'an quarante. »

On dit aussi, « comme de *Colin-tampon*, » sobriquet que les soldats de François Ier donnèrent aux Suisses en souvenir de leurs tambours battant la marche après la victoire de Marignan.

Ce mot se trouve avec beaucoup d'autres dans la célèbre chanson du musicien Jannequin sur cette bataille. Les Mémoires de l'état de France sous Charles IX désignent les Suisses du nom de *Colins-tampons*.

S'AMUSER A LA MOUTARDE.

Perdre son temps à s'occuper d'une chose indif-
férente quand on devrait le consacrer à de plus
sérieuses, est ce qui s'appelle « s'amuser à la
moutarde. »

On croit que cette locution nous vient du vieux
mot gaulois *moult tarder*, tarder beaucoup, le-
meurer longtemps, arriver trop tard, d'où nous
avons dit d'une chose qui arrive après coup « que
c'est de la moutarde après dîner. » Et, en effet,
comme ce condiment appelé moutarde ne sert
dans le repas qu'à exciter l'appétit, qu'à donner
du piquant aux viandes, il devient complètement
inutile quand elles sont enlevées de table.

On dit aussi dans le même sens :

Ce sont des figues après Pâques.

Ce qui doit s'entendre des figues sèches, à
cause de la coutume qu'on a encore de servir au
dessert des figues et du raisin secs, avec des noi-
settes et des amandes, ce qu'on appelle vulgaire-
ment des mendiants.

REVENIR A SES MOUTONS.

La fameuse farce de l'avocat Pathelin, qu'on a
remise en vogue dans ces derniers temps, a fourni

au catalogue des proverbes cette locution toute nationale, qu'on emploie assez généralement quand on veut revenir à une discussion interrompue, à une question dont on s'est détourné. Il y est question, comme on sait, d'un monsieur Guillaume, drapier, qui plaide contre le berger Agnelet, lequel lui a dérobé ses moutons. Dans le cours de sa plaidoirie, il s'interrompt souvent à l'égard d'une pièce de drap que lui a prise de son côté maître Pathelin, avocat de la partie adverse. A propos de quoi le juge, qui ne comprend trop rien à cette discussion embrouillée, lui dit à chaque instant : « Bref, revenons à nos moutons. »

NÉCESSITÉ EST MÈRE D'INDUSTRIE.

Rien ne stimule mieux notre imagination, rien ne nous rend ingénieux comme la nécessité.

La nécessité est l'histoire première de toutes les industries. L'art est né de la communication de l'âme humaine avec Dieu et l'infini; et tout au contraire, l'industrie est née du sentiment impérieux de nos besoins matériels. Depuis que le froid, la faim, la nudité, au sortir du paradis perdu, ont forcé l'homme à interroger la matière et à la soumettre à ses besoins, depuis lors, la civilisation, en augmentant le fardeau de nos nécessités, a produit toujours en progressant l'industrie. On sait à quel point l'homme est arrivé à multiplier ses besoins aujourd'hui, et pour être juste, dans quel degré de perfection il est arrivé à y pourvoir. Mais là n'est pas précisément le sens de notre proverbe, et voici une anecdote qui le traduira bien mieux.

Tandis qu'on achevait la construction du Pont-Neuf, et un jour que les entrepreneurs devaient se réunir à un grand repas, ils virent un homme qui toisait la longueur du pont sans rien dire à personne. Ils le prirent pour un connaisseur et l'invitèrent à dîner. Après le repas, ils lui dirent qu'ils voyaient bien qu'il avait sur leur ouvrage quelque idée qui pourrait le perfectionner, et qu'ils le priaient de la leur communiquer. « Je songeais, leur dit-il, que vous avez très bien fait de vous y prendre en large; car si vous vous y fussiez pris en long, vous n'en fussiez pas venus à bout de la même manière. » On juge de la déception de tous ces braves constructeurs ! Mais toujours cet expédient avait valu au parasite un dîner qui lui eût échappé sans son industrie.

Platon disait au sujet de ce proverbe : « La faim est un nuage d'où tombe une pluie d'or et d'éloquence. »

IL FAUT APPRENDRE A OBÉIR POUR SAVOIR COMMANDER.

Savoir obéir est d'une grande utilité en ce monde, où tout obéit à une loi supérieure. Tous

les hommes obéissent, depuis les plus hauts
échelons de la société jusqu'aux derniers. Et la
nature elle-même n'obéit-elle pas à l'impulsion de
Dieu ?

Ce proverbe se trouve dans tous les codes
de la sagesse antique; Solon, Socrate, Aristote
l'ont répété. Et, chose remarquable ! dans les
républiques de la Grèce, l'obéissance était encore plus rigoureuse qu'elle ne le fut jamais
sous le joug d'aucune de nos monarchies modernes.

L'obéissance est une vertu monastique; mais
elle n'est pas moins nécessaire au foyer, au centre
de la famille, dans les administrations, dans les
camps même, que sous la règle ecclésiastique.
L'obéissance est de tous les âges; mais elle est
plus particulièrement propre à la jeunesse. Elle
en est comme la grâce, comme le charme, et
aussi comme la sécurité. Elle supplée à son ignorance et à sa faiblesse, et ce n'est qu'en obéissant
que l'adolescent devient homme.

Nos anciens chevaliers enjoignaient cette vertu
aux jeunes gentilshommes qui aspiraient à être
reçus dans la chevalerie, et ils la mettaient eux-
même au nombre de leurs devoirs. Un ouvrage
du XIIe siècle sur la chevalerie, en parlant des
obligations préparatoires à la réception des aspirants, dit « qu'il convient que le jeune gentilhomme soit subject avant d'estre seigneur; car
autrement ne cognoistroit-il point la noblesse

de sa seigneurie, quand il seroit grand et maistre. »

Le roi Louis XIV enjoint au Dauphin l'obéissance dans les Mémoires qu'il fit pour son instruction.

DE MAUVAIS CORBEAU, MAUVAIS OEUF.

Tel père, tel fils.

Ce proverbe n'est pas très ingénieux ; et c'est peut-être pour cela qu'il est si profondément vrai. Tout mauvais père produit généralement de mauvais fils. L'empire romain en a donné d'assez illustres exemples. Homère dit que les fils sont toujours pires que leurs pères. Cet axiome, dont l'histoire a démontré la justesse, semblerait tenir au fatalisme ; aussi ne le donnons-nous que comme fait général. Les exceptions, grâce au Ciel, n'ont pas manqué, surtout depuis que la loi de l'Evangile est venue nous appeler à dépouiller le vieil homme, et que la grâce du baptême nous fait renaître de l'Esprit. Dieu change les cœurs comme il lui plaît. On a vu, par l'exemple du royal élève de Fénelon, et par celui de Mme Elisabeth, qui tenaient de leur nature le caractère le plus emporté et le plus altier, ce que peut dans un cœur cette grâce de Dieu, si puissante et si généreuse quand nous voulons répondre à ses influences. Le Seigneur l'a dit : « Ce qui est impossible aux hommes est possible à Dieu. »

C'EST UN OLYBRIUS.

On sait qu'on désigne par ce mot singulier un homme ennuyeux et ridicule. Celui qui a eu le fâcheux honneur d'attacher son nom à ce type est un empereur romain du v° siècle, qui ne s'attendait guère à aucune immortalité historique. Au surplus, la postérité a eu quelquefois des fantaisies plus injustes, en attachant du ridicule à quelques noms illustres, qui doivent être bien étonnés de se trouver, comme ceux du maréchal de Chabannes, Jacques de la Palisse, et du brave duc de Marlborough, rimés en vers burlesques, et sifflés tous les jours par le premier goujat venu. C'est bien la peine de mourir héroïquement, l'épée à la main, pour que les siècles à venir ne sachent rien de vous, sinon *des secrets de Polichinelle* imaginés par quelque cerveau grivois en belle humeur!

L'OISIVETÉ EST MÈRE DE TOUS LES VICES.

Mais, disent bien des gens, quel mal vouiez-vous qu'on fasse quand on ne fait rien? Ce à quoi on pourrait répondre par un mot de Caton l'Ancien, un des sages de Rome : « En ne rien faisant, on apprend à mal faire. » Ce qui est de la plus exacte vérité, et ce que l'expérience démontre chaque jour aux oisifs.

L'Ecclésiaste dit :

L'oisiveté a toujours enseigné beaucoup de mal.

Convenons-en, l'oisiveté ouvre la porte de notre cœur à tous les vices. Nos facultés inoccupées, l'imagination en travail laissent l'entrée à toutes les pensées mauvaises, à tous les instincts pervers de notre nature corrompue. L'homme laborieux, au contraire, n'a pas à redouter leurs pernicieuses influences. Le travail lui est comme une sauvegarde.

Hésiode a dit : « Dieu a donné le travail pour sentinelle à la vertu. »

DANS LES PETITES BOITES SONT LES BONS ONGUENTS.

Le proverbe original dit :

Dans les petits sacs sont les fines épices; dans les petites boites, les bons onguents.

Voici un proverbe qui est fait assurément pour consoler les gens de petite taille; car, malgré notre civilisation, le droit du plus fort n'en est pas moins resté le meilleur, et l'on voit beaucoup

de gens qui se consoleraient fort bien d'être des
gens médiocres, et qui ne peuvent prendre leur
parti d'avoir quelques pouces de moins à leur
taille que leur voisin. D'où vient cette faiblesse ?
Esope, Aristote et Socrate étaient non seulement
petits, mais encore bossus et contrefaits. Et
combien d'autres dont les noms sont plus près
de nous et qui ont donné raison au proverbe ?

Du reste, il existe encore une sentence dont
le sens vient appuyer celle-ci, bien qu'elle ait été
assez démentie :

Grosse tête, peu de sens.

TOUT CE QUI RELUIT N'EST PAS OR.

Ce proverbe s'applique à tout ce qui brille d'un
éclat trompeur, mais surtout à la condition des
grands, que les petits regardent d'un œil d'envie,
et dont ils ne soupçonnent pas toutes les douleurs
et les misères secrètes. Les dehors du bonheur
cachent souvent les plaies mystérieuses de l'âme.
Un autre proverbe dit :

**On est plus heureux dans les petites conditions que dans
les grandes.**

Et cela est encore plus vrai lorsque dans une
humble condition on sait sagement accepter l'obs-
curité et l'infériorité du rang qu'on occupe. Si
ce bonheur n'est troublé par aucun rêve menteur,
par aucun souhait jaloux, par aucun regret ni

aucune chimère d'espérance, il est bien réellement
complet et le plus parfait qu'on puisse attendre
sur cette terre.

CELA VAUT SON PESANT D'OR.

Quand on veut donner une haute idée de la
valeur d'une personne ou d'une chose, on dit
habituellement : « Cela vaut son pesant d'or. »

C'est tout simplement la corruption de l'ancien
proverbe :

Cela vaut son besant d'or.

Le *besant* ou *bezan* était une monnaie d'or
fabriquée à Bysance, d'où dérivait son nom, et
valant au XIIe siècle 50 sols de l'époque. Louis le
Jeune, en fixant les cérémonies à observer pour
le sacre des rois de France, arrête qu'il serait
déposé à l'offrande un pain, un baril plein de
vin, et 13 besants d'or frappés tout exprès. On
observait encore cette cérémonie au XVIe siècle.

LORSQU'ORGUEIL CHEMINE DEVANT, HONTE ET DOMMAGE SUIVENT DE PRÈS.

Le vieux dicton provincial dit :

**Quand orgueil vient à cheval, il porte en croupe le dom-
mage et la honte.**

« La honte est fille de l'orgueil, » a dit je ne
sais plus trop quel écrivain sacré ; et saint Au-

gustin ajoute que plus le monde applaudit, plus il est à craindre; qu'il trompe en souriant et trahit en baisant. Après avoir tiré de la boue et de la poussière quelques grands parvenus, que de fois la fortune les a-t-elle précipités du faîte des grandeurs! L'histoire de quelques courtisans heureux et de tant d'illustres favoris traînés des marches du trône au dernier supplice témoigne assez de cette vérité. L'histoire de France, celle d'Angleterre, celle de Suède, de Russie, les chroniques des petites cours d'Italie et d'Allemagne sont remplies de ces drames. Dieu, si animé de compassion pour nos misères et nos faiblesses, se montre sans pitié pour l'orgueil, et sa colère fond sur la prospérité des superbes comme l'orage sur la vigne en fleur.

On sait que ce proverbe favori était souvent dans la bouche prudente de Louis XI. C'était son mot favori, avec cet autre encore plus profond et qui decèle bien le plus fin politique qui ait été jamais :

Qui ne sait pas dissimuler ne sait pas régner.

OTE-TOI DE LA, QUE JE M'Y METTE.

Cette phrase antichrétienne a été le mot de presque toutes les révolutions qui ont éclaté sur la surface du monde. Les intérêts publics, le progrès moral ou politique sont les prétextes; les ambitions égoïstes, d'étroites et basses personnalités sont les mobiles réels des actes que nous admirons quelquefois le plus. Les faits appartiennent à l'histoire, mais la conscience des faits n'appartient qu'à Dieu.

Le proverbe dont nous parlons est bien ancien ; je crois qu'on pourrait affirmer qu'il est vieux comme le monde, sans avoir à craindre de se tromper. Il était en usage du temps de Lycurgue comme du nôtre, plus encore peut-être. Au moins n'est-il pas en honneur chez nous, s'il y est toujours en usage. Si le principe d'égoïsme que nous portons dans notre nature corrompue depuis le péché originel est toujours en lutte avec la loi de grâce et le principe chrétien, au moins peut-on dire que les douces influences de la charité chrétienne ont vaincu le *moi* orgueilleux dans la conscience des peuples. Vienne le règne universel de la charité sur la terre, et alors quelle harmonie ! quelle paix ! quelle joie ! quelle entente parfaite !

Nous voudrions effacer du nombre de nos proverbes populaires cette maxime égoïste, bien digne de l'antiquité, où le droit du plus fort était la loi suprême, mais assurément bien déplacée à côté des maximes généreuses de l'Evangile. Qui lui est plus contraire que les doux préceptes de la justice chrétienne ?

ON NE DOIT PAS VENDRE LA PEAU DE L'OURS AVANT QU'ON L'AIT MIS PAR TERRE.

Un apologue d'Esope, un des plus beaux esprits de l'antiquité, rendu fort joliment par La Fontaine, a fourni à notre langage ce proverbe sensé et fort répandu d'ailleurs ; on le trouve dans les Mémoires de Philippe de Commines, qui a mis cet apologue sur les lèvres de l'empereur Frédéric répondant aux embassadeurs de France qui l'engageaient de s'emparer des terres que le duc de Bourgogne tenait de l'Empire.

ROMPRE UNE PAILLE AVEC QUELQU'UN.

Chez nos Gaulois, et même chez les Romains, on entrait en possession des terres en roture par la délivrance d'une houssine d'aulne ; ou bien, si c'était un fief ou franc-alleu, par un anneau que le souverain mettait au doigt de celui qu'il en investissait ; au châton de cet anneau étaient gravées les armes qu'il voulait que son vassal portât. « Quelquefois aussi, dit un historien, c'était par le livrement d'un festu ou brin de paille, qu'on appelait infestucation seigneuriale.

Le dessaisissement d'héritage, qu'ils nommaient infestucation, suivant l'ordonnance de la loi salique, se faisait en rompant quelque brin de paille. Telle est l'étymologie du proverbe.

LE PARESSEUX EST FRÈRE DU MENDIANT.

Un autre proverbe, qui est du roi Salomon, dit :

Celui qui néglige son bien est frère de celui qui le dissipe.

Ces deux proverbes contiennent toute la théorie du paupérisme.

TROP GRATTER CUIT, TROP PARLER NUIT.

On doit résister aux démangeaisons de la langue comme à celles de la peau. Zénon disait à ses disciples : « Souvenez-vous que la nature nous a donné deux oreilles et une seule bouche, pour nous apprendre qu'il faut plus écouter que parler. »
Un proverbe espagnol dit :

Le peu parler est or, et le trop est boue.

Un proverbe italien dit :

Qui parle sème, et qui se tait recueille.

Enfin un autre proverbe, qui est de Salomon, dit ceci :

Celui qui parle beaucoup, dit beaucoup de sottises.

Chacun de nous reconnaîtra la vérité de ce proverbe. Après qu'on a beaucoup parlé, on sent si bien qu'on a perdu de sa dignité, qu'on est au dedans de soi comme tout confus, et qu'on voudrait reprendre au moins la moitié de ce qu'on a dit.

PATATRAS, MONSIEUR DE NEVERS.

Cette locution, d'origine tout historique, était encore fort commune en France parmi le peuple avant la révolution. Elle n'est pas tombée tout à fait encore, même dans nos provinces.

Au temps des désordres de la Ligue, sous le règne de Henri III, François de Gonzague de Clèves, duc de Nevers, courant la poste de Paris à sa ville de Nevers, et traversant la ville de Pouilly, qui est située sur le bord de la Loire, le cheval sur lequel il était monté broncha en courant sur le pavé au milieu de la ville, et fit, comme on disait alors, donner du nez en terre à monsieur le duc. Une bonne vieille qui se trouvait là ne put s'empêcher de s'écrier, en le voyant trébucher : « Patatras, monsieur de Nevers! » Le propos fut recueilli et passa en proverbe; non que le mot *patatras*, une des locutions les plus populaires de notre moyen âge, fût nouveau, mais en raison du cas qui y avait donné lieu cette fois, et qui n'était pas commun, attendu que tout gentilhomme français regardait comme un échec humiliant d'être jeté à terre par son cheval.

QUI DONNE AUX PAUVRES PRÊTE A DIEU.

Donner aux pauvres n'appauvrit pas.

Salomon est l'auteur du premier de ces proverbes. Il a dit :

Celui qui a pitié du pauvre prête à Dieu.

Saint Ambroise a écrit à ce sujet cette phrase remarquable : *Dieu se cache dans le pauvre; et quand le pauvre tend la main, c'est Dieu qui reçoit.*

De là sans doute tant de légendes de notre moyen âge, où le Seigneur, caché sous de misérables haillons, vient éprouver le cœur de quelque châtelaine compatissante et de quelque pauvre femme. On retrouve jusque dans nos contes des fées le fond de ces légendes, si utiles et si amusantes pour l'enfance et même pour l'adolescence.

PAUVRETÉ N'EST PAS VICE.

Et l'ancien proverbe dans notre formule nationale ajoute : « C'est une espèce de ladrerie, tout le monde la fuit (1). »

Non, pauvreté n'est pas vice; c'est au contraire une vertu divine, puisque Notre-Seigneur est venu nous la prêcher par son exemple. Mais elle

(1) Fleury de Bellinghen, *Etymologie des proverbes.*

n'est vertu qu'autant qu'elle est portée saintement et noblement. Elle ne nous gagne les biens célestes promis par le Verbe lui-même qu'autant qu'elle est animée de l'esprit de renoncement volontaire, de détachement intérieur pour les biens créés. L'opulence est corruptrice ; la pauvreté supportée selon l'esprit de Dieu est la mère des vertus. Elle en est du moins le saint apprentissage. Avec elle, que de tentations s'éloignent !

L'illustre saint Jean Chrysostôme dit que « la pauvreté est le guide qui nous conduit par la main au chemin du ciel. » Et saint Ambroise déplore que la seule richesse soit réputée digne d'honneur.

Le poète Virgile et les philosophes de l'antiquité, qui regardaient bien la pauvreté comme la sauvegarde naturelle des vertus, mais qui n'avaient eu garde d'en faire une vertu pratique, assuraient que l'opulence est corruptrice des bonnes mœurs, qu'elle engendre les vices et qu'elle est l'aiguillon des mauvais penchants.

On a fait assez l'éloge de la pauvreté en nommant les saints qui l'ont pratiquée d'après l'exemple du Sauveur, et quand on a dit qu'elle est l'une des trois vertus consacrées par l'état religieux.

CE N'EST PAS LE PÉROU.

Le nom de cette grande contrée de l'Amérique

méridionale, devenu proverbe, est toujours, dans
la langue populaire, le synonyme de ce que les
anciens appelaient l'empire de Plutus. L'Europe
est restée frappée du souvenir des immenses
richesses et de tout l'or qu'en retirèrent les
Espagnols au temps de la découverte du Pérou
par Pizarre. Seuls les voyageurs savent à quoi
s'en tenir après avoir visité le port de Calao,
détruit par un tremblement de terre et depuis
reconstruit, par lequel s'écoulent cependant toutes
les richesses actuelles du Pérou. Au lieu de châteaux de bois précieux recouverts de lames d'or,
et de ces palais des mille et une nuits que plus
d'un Européen y a rêvés, le voyageur y trouve,
sur un sol aride et brûlé par le soleil, quelques
centaines de maisons formant des rues anguleuses,
étroites, irrégulières. Il ne trouve dans cette ville,
si célèbre par son commerce, que de vilaines et
sales auberges auprès desquelles les nôtres sont
des hôtels. Et pour achever de désabuser complètement la naïve crédulité du vulgaire, ajoutons
ce que des voyageurs dignes de foi rapportent,
c'est-à-dire qu'il n'y a point de pain dans cette
ville réputée si riche, et qu'on n'en trouve qu'à
Lima, éloigné de deux lieues du port de Calao,
d'où les boulangers envoient au port le pain de
chaque jour. Du reste, il faut dire que, depuis
l'exploitation des mines d'or de la Californie, le
Pérou a bien perdu de son prestige aux yeux
du vulgaire. Je crois bien même que San-

Francisco a pris la place du Pactole dans le proverbe.

C'EST LA COUR DU ROI PÉTAUD, OU TOUT LE MONDE EST MAITRE.

On a coutume d'employer ce proverbe à l'égard de toute société, de toute maison où il n'y a point d'ordre, où l'autorité du chef est méconnue, et où, partant, tout le monde est maître. Cela vient, sans doute, de ce qu'autrefois en France toute compagnie, toute communauté élisaient un chef qui était maître souverain et qui en avait tous les privilèges. Les mendiants aussi avaient, comme les compagnies les plus illustres du royaume, le droit de s'élire un chef. Par plaisanterie, on avait appelé leur roi *Peto*, c'est-à-dire *Je demande*, ce qui, par corruption, ne tarda pas à se modifier en ce terme du proverbe, *Pétaud*. De là le dicton. De *pétaud*, on finit par faire *pétaudière*, pour signifier une assemblée tumultueuse et insubordonnée. Nos meilleurs classiques ont employé cette locution proverbiale, qui, bien qu'elle commence à vieillir, ne tombe nullement et acquiert tous les jours une plus grande force d'expression. On ne saurait la remplacer.

Un grand prince, Alexis Comnène, qui était en même temps un des hommes les plus honnêtes et les plus éclairés do son temps, avait coutume d'employer une belle maxime, dont il s'appuyait avec justice pour être le maître chez lui. « Quand les gouvernants font ce qu'ils doivent, disait cet homme illustre, les gouvernés ne font pas ce qu'ils veulent. » Mot admirable d'esprit et de sens, qui résume tous les graves devoirs des rois envers les peuples, des parents envers les enfants, et mutuellement des inférieurs envers les supérieurs.

PIERRE QUI ROULE N'AMASSE PAS DE MOUSSE.

C'est une sentence grecque. Le sens moral en est que l'inconstance nuit à la fortune, et qu'il faut se fixer à quelque établissement pour se faire une place convenable en ce monde. On peut l'appliquer aussi à la manie des voyages, qui instruisent, mais qui ne forment guère les mœurs.

DONNER LE POISSON D'AVRIL.

Le premier jour d'avril s'exhale tout à l'aise la grosse joie des badauds. La plaisanterie est permise ce jour-là, et on aurait mauvaise grâce, dit-on, à se fâcher, même des farces les plus insoutenables et les plus maussades. Cette plai-

santerie consiste ordinairement à faire courir
inutilement quelqu'un d'un endroit de la ville
à un autre sur la foi d'un simple avis ou d'une
fausse nouvelle inventée à plaisir. Le *Dictionnaire de Trévoux* et quelques autres auteurs
affirment que le poisson d'avril est une indécente
allusion au souvenir de la passion de Notre-
Seigneur, les Juifs l'ayant envoyé d'un tribunal
à un autre comme par injure et par dérision.
On aurait, disent-ils, pris de là cette coutume
de renvoyer d'un endroit à un autre les personnes
dont on voudrait se moquer. Ils prétendent que
le mot *poisson* aurait été insensiblement subs-
titué au mot *passion*. Ceci offrirait peut-être
un peu de vraisemblance, quoique ce ne soit pas
l'opinion la plus reconnue, en ce sens qu'on dit
aussi de quelqu'un qu'on a fait courir inutilement :
« On l'a renvoyé d'Hérode à Pilate. » Or c'est
bien là le sens du *poisson d'avril*.

Nous aimons mieux néanmoins l'origine historique que d'autres commentateurs attribuent au
poisson d'avril, et que voici :

Le roi Louis XIII, mécontent de François de
Lorraine, dont la conduite à l'égard de son autorité royale avait mérité sa disgrâce, le faisait
garder à vue dans le château de Nancy. Mais
l'illustre prisonnier trouva un beau jour le moyen
de tromper la surveillance de ses gardiens, et
ce beau jour était tout justement le 1er avril.
Il s'évada donc, et traversa la Meuse à la nage

pour recouvrer sa liberté. Grande fut la surprise des gardes royales, et plus grande fut la joie des Lorrains, heureux que leur duc eût ainsi joué l'autorité royale. Le genre d'évasion choisi par le prisonnier fit dire que c'était un poisson qu'on avait donné à garder aux Français. De là l'allusion historique du mot.

Un de nos étymologistes les plus recommandables n'accepte pas cette origine, et bien que ce soit un auteur de l'esprit le plus pieux, il s'en tient uniquement à la première que nous avons donnée. Ainsi que Trévoux, il prétend que le mot *poisson* a dû être corrompu, comme cela arrive si souvent par l'ignorance du vulgaire, et que l'on a dû dire dès le commencement *passion,* à cause de la passion du Sauveur, qui a eu lieu vers le même temps. Mais comment croire, d'un autre côté, que notre dévot moyen âge ait tiré des motifs de risée et de plaisanterie d'un souvenir si cher à notre foi? Non, il n'est pas possible que de l'auguste sacrifice de la Rédemption, dont la moindre circonstance recèle d'ineffables tristesses et d'adorables enseignements, il n'est pas possible qu'on ait tiré de là raillerie et dérision. Je ne croirai jamais surtout que ce soit à notre moyen âge qu'on ait à le reprocher.

CHER COMME POIVRE.

Lorsque cette épice commença à s'introduire en France, son prix élevé lui donna une haute importance. La nouveauté lui donna la vogue, et la vogue augmenta encore sa cherté. Le poivre entrait dans la composition des plus riches présents : c'était l'un des tributs que payaient les vassaux à leurs souverains. Geoffroy, prieur de Vigeois, voulant exalter la magnificence de Guillaume, comte de Limoges, raconte qu'il en avait des tas énormes amoncelés et sans prix, comme si c'eût été du glan pour les porcs. L'échanson étant venu un jour en demander pour les sauces de la cuisine du comte, l'officier qui gardait ce dépôt précieux prit une pelle, dit l'historien, et en donna une pelletée entière. Quand Clotaire III fonda le monastère de Corbie, il assujettit ses domaines à payer annuellement, en surplus des autres denrées, trente livres de poivre à ses religieux. Roger, vicomte de Béziers, ayant été assassiné dans cette ville lors d'une sédition qui y éclata en 1107, son fils, après avoir vaincu et soumis les habitants, les obligea à payer en réparation un tribut annuel de trois livres de poivre à prendre sur chaque famille. A Aix en Provence, les Juifs étaient obligés d'en payer pour chacun deux livres par an.

AVOIR L'AIR DE REVENIR DE PONTOISE.

Dans le temps de la féodalité, il y avait à Pontoise, ancienne capitale de notre Vexin français, un seigneur ombrageux et cruel qui se faisait amener les étrangers passant par cette ville, et les soumettait à un interrogatoire, après lequel il les renvoyait chez eux ou les retenait prisonniers, selon qu'ils avaient bien ou mal répondu. Comme ces pauvres voyageurs étaient toujours intimidés et déconcertés par les questions et les menaces de ce mauvais plaisant, on prit de là occasion de dire, « Avoir l'air de revenir de Pontoise, » ou, « Conter une chose comme en revenant de Pontoise, » en parlant des gens dont les idées sont un peu troublées et confuses, embrouillées même et un peu niaises.

JETER DE LA POUDRE AUX YEUX.

C'est le mérite d'une foule de célébrités actuelles, qu'on veut bien réputer gens de talent ou d'esprit, et qui, en réalité, ont plus de savoir-faire que de savoir, qui ont plus l'intelligence de leur époque et du public auquel ils s'adressent, qu'un talent réel ou qu'un mérite absolu. Cette locution, bien qu'elle ne soit pas des plus importantes, est cependant assez familière à notre langue pour que nous ne l'oubliions pas.

Ceux qui couraient aux jeux olympiques pour gagner le prix de la course, partaient en même temps de la barrière, après le signal donné. Et chacun des coureurs de s'efforcer de devancer les autres pour arriver le premier à la borne et remporter le prix. On disait du plus habile et du plus heureux, qu'il jetait de la poudre aux yeux de ses compagnons, parce que la carrière étant semée de sable fin, celui qui se trouvait en avant, courant à toutes jambes, ne pouvait manquer d'envoyer du sable aux yeux de ceux qui le regardaient et surtout aux yeux de ceux qui le suivaient ; ce qui retardait sans doute leur course et devait lui rendre plus facile son triomphe. De là cette expression connue, « Jeter de la poudre aux yeux, » pour signifier qu'à l'aide d'un certain charlatanisme, d'une habileté apparente ou de quelque ruse ingénieuse, un homme est arrivé à la renommée.

C'EST LE FILS DE LA POULE BLANCHE.

Cette expression proverbiale nous vient des Romains ; elle est fondée sur cette tradition rapportée par Suétone.

Un jour que l'impératrice Livie, peu de temps après son mariage avec Auguste, allait visiter sa maison de plaisance aux environs de Véies,

un aigle laissa tomber du haut des airs, dans
ses bras, une poule blanche vivante qui tenait
en son bec un rameau de laurier; accident fort
singulier, que les augures regardèrent comme
un signe merveilleux de prospérité pour la race
impériale. Aussi l'heureuse poule fut-elle prise en
affection par Livie, et révérée à Rome à l'égal
des poulets sacrés. Dès lors son état fut fixé : elle
habita une belle ferme à laquelle on donna le
nom de *Villa ad gallinas*, et où elle pondit tran-
quillement.

C'est par allusion à ce sort prospère que Juvénal
a dit ironiquement à un personnage important :
« Penses-tu, homme amusant par ta simplicité,
qu'on doive t'excepter du reste du monde, parce
que tu es le fils de la *poule blanche*, et nous
autres de vils poussins sortis d'œufs malheureux. »

CEUX QUI SE RESSEMBLENT S'ASSEMBLENT.

Ce qui équivaut à cet autre proverbe :

Dis-moi qui tu hantes, et je te dirai qui tu es.

Et en effet, tous ceux qui se ressemblent ou
par l'origine, ou par le caractère, ou par des
sympathies d'idées et de croyances, ou même
encore par des similitudes d'état, de profession,
aiment à s'assembler entre eux. C'est ce qui a

produit de tout temps les corporations d'état, les sociétés scientifiques, artistiques, littéraires. Le besoin que nous sentons naturellement de manifester au dehors nos idées et nos impressions, nous fait rechercher la compagnie de ceux que nous croyons devoir nous comprendre le mieux. De là ce proverbe, d'autant plus vulgaire qu'il est plus vrai et plus ancien. Homère, Ménandre, Platon, Aristote, Euripide, Cicéron, Pline le Jeune, l'ont tous répété. Ce sont là des titres d'authenticité.

SANS RIME NI RAISON.

Ce proverbe a dû se former dès que la rime a été adaptée aux vers, et conséquemment, ce ne serait pas trop présumer en sa faveur que de conjecturer que les Grecs et les Romains, amis de la raison pour le moins autant que de la rime, aient mis ensemble ces deux mots. Néanmoins, pour parler plus sérieusement, nous pouvons croire qu'il n'est en honneur en France que depuis Boileau, ce législateur sévère et spirituel de la poésie française, l'un des premiers poètes qui aient mis d'accord la rime et la raison, ces deux ennemies-nées en apparence.

On sait que ce dicton s'applique à tout ouvrage extravagant, qui ne repose pas sur les règles du sens commun, la muse des bonnes gens. Cette locution a quelquefois donné lieu à de bons mots remarquables ; et voici, à son sujet, une anecdote qui mérite d'être citée :

Deux dames de la cour de Louis XIV, la duchesse de Châtillon et la comtesse de la Suze, plaidaient l'une contre l'autre au parlement. Elles se rencontrèrent tête à tête dans la salle du palais. Le duc de la Feuillade, qui donnait la main à la duchesse, dit d'un ton gascon à la comtesse qu'accompagnaient Benserade et toute une cour de poètes : « Madame, vous avez de votre côté la rime ; mais nous, nous avons la raison. — Fort bien, Monsieur, dit spirituellement la comtesse en le prenant au mot, ce n'est donc pas sans rime ni raison que nous plaidons. »

LES PETITS RUISSEAUX FONT LES GRANDES RIVIÈRES.

C'est une version de cet autre proverbe :

Il ne faut pas mépriser les petites choses.

En effet, les petits gains réunis font à la fin une somme quelquefois considérable. Demandez à un sage commerçant si les petits bénéfices n'ont pas peu à peu établi sa maison et constitué son avoir ? Demandez à une bonne mère de famille si telle ou telle petite économie n'est pas d'un grand secours dans la maison? L'esprit d'ordre et de sagesse ne dédaigne rien. Notre-Seigneur nous a donné dans l'Evangile un grand exemple de cet esprit de conduite et de ménagement qui est si nécessaire dans la famille. Après le miracle de la multiplication des pains, et quand le Fils de Dieu eut nourri une immense multitude de cinq pains et de quelques poissons multipliés par sa divine volonté et sa toute-puissance, il dit à ses disciples : « Ramassez les morceaux qui restent, afin que rien ne se perde. » Et on en ramassa de quoi remplir douze corbeilles. Et celui qui parla ainsi était le Créateur de toute chose. Et qui est plus riche que le Créateur?

PAYER EN MONNAIE DE SINGE.

Un tarif fait par saint Louis réglait les droits de péage qui étaient dus à l'entrée de Paris, sous le petit Châtelet. Or, dans ce tarif, les *joculateurs* étaient exempts de péage, en faisant jouer et danser leur singe devant le péager. En voici, du reste, les propres termes dans le langage du temps :

« Li singes au marchant doibt quatre deniers, se il por vendre le porte. Se li singes est à l'homme qui l'aist acheté por son déduit, si est quites; et se li singes est au joueur, jouer en doibt devant le péagier, et por son jeu doibt estre quites de

toute la chose que il achète à son usage , et aussi-
tost le *jongleur* sort quites por un ver de chanson. (*Establissements des mestiers de Paris.*)

De là est venue aussitôt cette locution :

Payer en jongleries.

LE SOLEIL LUIT POUR TOUT LE MONDE.

C'est la maxime dont on se sert en parlant aux
égoïstes qui souffriraient volontiers que la terre
ne produisît que pour eux, et que le soleil ne
donnât qu'à eux seuls sa chaleur et ses rayons.
L'Evangile, parlant de la déférence et de la charité que Dieu nous commande à l'égard de ceux
de nos semblables même qui sont du caractère le
plus fâcheux , dit :

**Ne savez-vous pas que Dieu fait luire le soleil sur les
bons comme sur les méchants.**

Un autre proverbe dit :

Il y a de la place pour tout le monde au soleil.

Pythagore avait dit avec moins de netteté et
d'une façon plus générale :

**Si humble que soit la chaumière, elle est aperçue du
soleil qui y fait tomber un de ses rayons.**

Les Orientaux disent :

Le soleil est pour le brin d'herbe comme pour le cèdre.

Barloti avait pris pour devise de saint Ignace, fondateur de l'ordre des Jésuites, ce beau mot de Minutius Félix :

Le soleil est attaché au ciel, mais il est répandu sur toute la terre.

C'EST UN SOT EN TROIS LETTRES.

C'est pour dire brièvement de quelqu'un qu'il est d'une sottise reconnue, puisqu'il n'y a que trois lettres dans le mot *sot*.

Les Romains, parlant d'un glorieux qui se prétendait issu de noble race, employaient à peu près cette expression dans son sens ironique. Mais pour mieux la comprendre, il faut savoir que les grands personnages de Rome avaient trois noms : le prénom, le nom et le surnom; ce dont on retrouve quelque trace dans notre féodalité.

Un auteur médiocre disait à un autre : « Monsieur, vous êtes un sot en trois lettres. — Et vous, lui dit l'autre, vous en êtes un en mille que vous avez écrites. »

LA SOUMISSION DÉSARME LA COLÈRE.

Un proverbe de Salomon dit :

La réponse douce désarme la colère.

« L'eau tempérée, dit Plutarque, dissipe les inflammations, et des paroles douces calment la colère. »

POINT D'ARGENT, POINT DE SUISSES.

On sait qu'autrefois les Suisses servaient dans les armées françaises. Il n'y avait pas de meilleurs soldats ; mais ils voulaient être exactement payés, et quand leur solde se faisait un peu attendre, ils la réclamaient hautement, refusant même de marcher. Leur réclamation était d'ailleurs exprimée d'une manière aussi brève que significative. Elle se résumait par ces mots : *argent ou congé.* C'est ainsi que Albert de la Pierre parla à Lantru, au nom des Suisses qui faisaient partie des troupes sous les ordres de ce général, dans l'expédition du Milanais en 1552. L'esprit intéressé des Suisses, en cette circonstance, donna lieu au proverbe : « Point d'argent, point de Suisses, » qui fut formulé par les soldats français.

QUI M'AIME ME SUIVE.

A la grande journée de Pavie, le courage téméraire de François 1er hasarda la bataille contre l'avis de ses généraux. Il trancha la difficulté en s'élançant le premier, et en s'écriant : « Qui m'aime me suive. »

CE QUI VIENT DU TAMBOUR S'EN RETOURNE A LA FLUTE.

Le grand et sage capitaine français Bayard,

qui fut sans peur et sans reproche s'il en fut
oncques, avait au plus haut point l'horreur du
bien mal acquis. Aussi avait-il coutume de dire :

Ce que le gantelet gaigne, le gorgerin le mange.

Ce qui est l'exacte traduction de notre proverbe
actuel. Le sens en est que les biens mal acquis
s'en retournent comme ils sont venus. Valère
Legrand disait cela aussi à sa manière :

Torrents qui affluent en un moment, tarissent incontinent.

Il est vrai que les biens mal acquis ressemblent
à des palais bâtis sur un sable mouvant. La colère
de Dieu plane sur eux, et les fait vaciller sans cesse
en la main de leur coupable détenteur. Comme dit
Fleury de Bellingen en ses *Etymologies,* ce sont
des plantes qui ne prennent point racine, ce sont
des arbres sujets à être agités par les orages de
l'adversité. Et cette comparaison est exacte. « Je
n'ai vu de ma vie, pourrait dire le Sage, fortune
mal acquise qui fût bien assise. »

MIEUX VAUT TARD QUE JAMAIS.

Mais, dit le proverbe espagnol,

Mieux vaut encore venir au Bénédicité qu'aux Grâces.

Le proverbe espagnol a encore plus raison que

le nôtre. C'est une triste consolation pour celui qui, par sa négligence, s'est privé de quelque bien digne d'envie pendant longtemps, de penser qu'il aurait pu en être privé toujours. Et qu'est-ce quand il ne s'agit point d'un bien périssable, mais d'un bien spirituel, et conséquemment inestimable, tel que le retour de la grâce, une conversion, le retour à Dieu? Certes, mieux vaut alors tard que jamais; mais le *tard* est si près du *jamais!*

LE TEMPS PERDU NE SE RÉPARE JAMAIS.

Le temps est le premier des biens de ce monde, et peut-être encore le plus fragile de tous. C'est un capital que nous gaspillons avec la plus coupable indifférence; car nous n'en sommes que les trésoriers, et Dieu nous dit que nous lui rendrons un compte exact des moindres instants. Si l'on y pensait souvent, on finirait peut-être par apprécier la valeur du temps, et combien on y gagnerait pour nos intérêts du temps et de l'éternité!

Le Sage a dit :

Le moment où je parle est déjà loin de moi.

Napoléon 1er, allant un jour visiter une école, dit en sortant aux élèves, dont quelques-uns avaient été interrogés par lui : « Jeunes gens, souvenez-vous que chaque heure de temps perdue est une chance de malheur pour l'avenir. »

Mot remarquable d'un homme qui connaissait toute la valeur du temps.

QUI HAIT LE TRAVAIL, HAIT LA VERTU.

Par la même raison que l'oisiveté est la mère de tous les vices, le travail inspire le goût du bien, du devoir; il nous fait tendre à ce qui est bon, utile, parfait. Enfin, il nous fait accomplir cette grande loi de Dieu, condition de la déchéance originelle : *Tu seras condamné au travail.*

La vertu est active, laborieuse; le vice est oisif : il se plaît à la mollesse et à l'inaction. On a raison de le dire : le travail est un grand moralisateur.

C'EST LE GREFFIER DE VAUGIRARD, QUI NE PEUT ÉCRIRE QUAND ON LE REGARDE.

Un certain greffier de Vaugirard tenait son greffe dans un endroit qui n'était éclairé que par une lucarne. Il n'avait donc pour écrire qu'un très faible jour, qui se trouvait tout à fait intercepté quand il prenait fantaisie à quelque passant de le regarder par là.

Cette phrase équivaut à cette autre, encore plus ancienne :

Il ressemble à messire Jean, qui ne peut lire quand on le regarde.

Et le nom de *Vaugirard* n'a peut-être été choisi que pour rimer avec *regarde,* qu'on écrivait *regard.*

Ce dicton signifie que le moindre obstacle déconcerte les gens peu habiles.

VENTRE AFFAMÉ N'A POINT D'OREILLES.

Celui qui a faim n'entend à rien. Un philosophe dit : « Quand le ventre ne se contente pas de pain , le dos se courbe sous la servitude. « L'estomac est, en effet, le plus exigeant de nos organes ; il s'asservit tout notre être ; et l'on conçoit fort bien que Ménénius Agrippa , dans sa fable ingénieuse, ait pu imaginer un instant la révolte des autres membres contre ce tyran insatiable. Combien d'intérêts précieux sacrifiés souvent à l'exigence de l'estomac. Il n'est de délibération qui tienne contre son importunité. Le cardinal de Retz se plaint, dans ses *Mémoires*, que les mesures de sa politique étaient souvent dérangées par les cris de révolte des estomacs des parlementaires, que le prince de Condé appelait, non sans cause, « ces diables de bonnets carrés. » Si ventre affamé n'a pas d'oreilles, on pourrait ajouter qu'il n'a pas non plus de cœur.

LA VÉRITÉ OFFENSE.

Il est très vrai que nous sommes assez rarement amis de la vérité jusqu'à l'aimer plus que nous-mêmes et au préjudice de notre vanité. La vérité, en France surtout, est mal reçue, et la fable charmante, *la Vérité de la fable*, qui commence le recueil de Florian, a mieux chez nous que nulle part ailleurs sa parfaite application. Si la vérité nous semble quelquefois rude, faisons en sorte de n'avoir à en entendre que d'aimables et de flatteuses sur notre compte. Parce que nous nous fâcherons de telle ou telle vérité dite un peu brusquement, cessera-t-elle pour cela d'être un fait réel et existant?

LA VÉRITÉ EST AU FOND D'UN PUITS.

C'est un mot de Démocrite passé en proverbe, pour exprimer combien la vérité est difficile à découvrir. Cette allégorie a servi à un de nos plus spirituels fabulistes.

FAIRE PRENDRE DES VESSIES POUR DES LANTERNES.

Cela signifie, comme on sait, faire croire des choses fort absurdes, se moquer de la crédulité de quelqu'un.

On suppose que cette expression vient de ce

qu'autrefois les lanternes que faisaient les marchands en plein vent, en les entourant de papier, et quelquefois même de morceaux de vessies de porc, ressemblaient assez à des vessies éclairées à l'intérieur.

On employait déjà ce dicton au xive siècle, ce que témoignent ces vers, où Guyot dit en parlant du médecin :

> **S'ils reviennent de Montpellier,**
> **Lor lettuaire (leur érudition) sont moult chier (bien cher);**
> **Et cil qui vient de Salerne**
> **Lor vend vessie pour lanterne.**

On disait en proverbe, plus tard :

> **Faire croire vessies des lanternes,**
> **Entretien d'esprit qu'on berne.**

Enfin, il n'y a pas un siècle, on disait :

> **Donner des vessies pour des lanternes.**

Nous trouvons à ce sujet une anecdote charmante, et fort divertissante surtout, que nous relatons ici, et qui appartient aux plus spirituels mémoires qui aient été faits sur le xviiie siècle et sur les premières années du xixe siècle, *les Souvenirs de la marquise de Créquy.*

Un jour que le carrosse de M. Necker roulait avec grand fracas sur la route de Paris à Versailles, la voiture de M. de Turgot vint à passer,

qui se rendait à Paris, et qui reçut du carrosse
de M. Necker un très grand choc ; car il faisait
nuit, et si bien que les lanternes du carrosse de
M. Turgot étaient déjà allumées. Comme leurs
gens ne s'aimaient point, ce qui est facile à
imaginer, les laquais de M. Necker n'avaient pas
manqué de jouer ce méchant tour aux gens du
ministre favori du roi. M. Turgot, à qui ce coup
donna de l'humeur, se pencha à la portière, et
voyant M. Necker, qui montrait aussi sa figure
effarée, il lui cria de loin : « Eh! M. Necker,
est-ce que vous prenez mes lanternes pour des
vessies? »

A LA SAINT-MARTIN ON BOIT DU BON VIN.

On sait que la fête de Saint-Martin arrive le
11 novembre, après la fin des vendanges et quand
le vin commence à être fait. Cette fête était autrefois une fête importante, et comme une sorte
de mardi-gras, que le peuple solennisait partout
le verre à la main. On pourrait croire que c'est
pour cette raison que les buveurs se sont choisi
pour patron saint Martin, comme si, dans notre
calendrier catholique, même parmi les moindres
serviteurs de Dieu canonisés par l'Eglise, il y en
avait quelqu'un qu'on pût choisir pour s'autoriser
de quelque faiblesse ou de quelque défaut. Voici
l'anecdote qui a sans doute donné lieu à ce choix :

Saint Martin, étant un jour à dîner chez l'empereur Maximo, avec un prêtre qui lui servait la messe, l'échanson présenta la coupe au prince, suivant l'usage, et l'empereur, pour honorer l'évêque, voulut qu'il bût le premier. Mais saint Martin, après l'avoir portée à ses lèvres, la passa à son clerc, comme au plus digne de la compagnie. Les convives, étonnés, se regardèrent; mais l'empereur loua hautement saint Martin d'avoir rendu hommage à la sainteté d'un homme obscur plutôt qu'à la majesté d'un maître du monde.

FIN

TABLE DES MATIÈRES

168   TABLE DES MATIÈRES

— Lille. Typ. J. Lefort. 1883 —

www.ingramcontent.com/pod-product-compliance
Lightning Source LLC
Chambersburg PA
CBHW052049090426
42739CB00010B/2102